1개월 완성! 대담하게 가자!

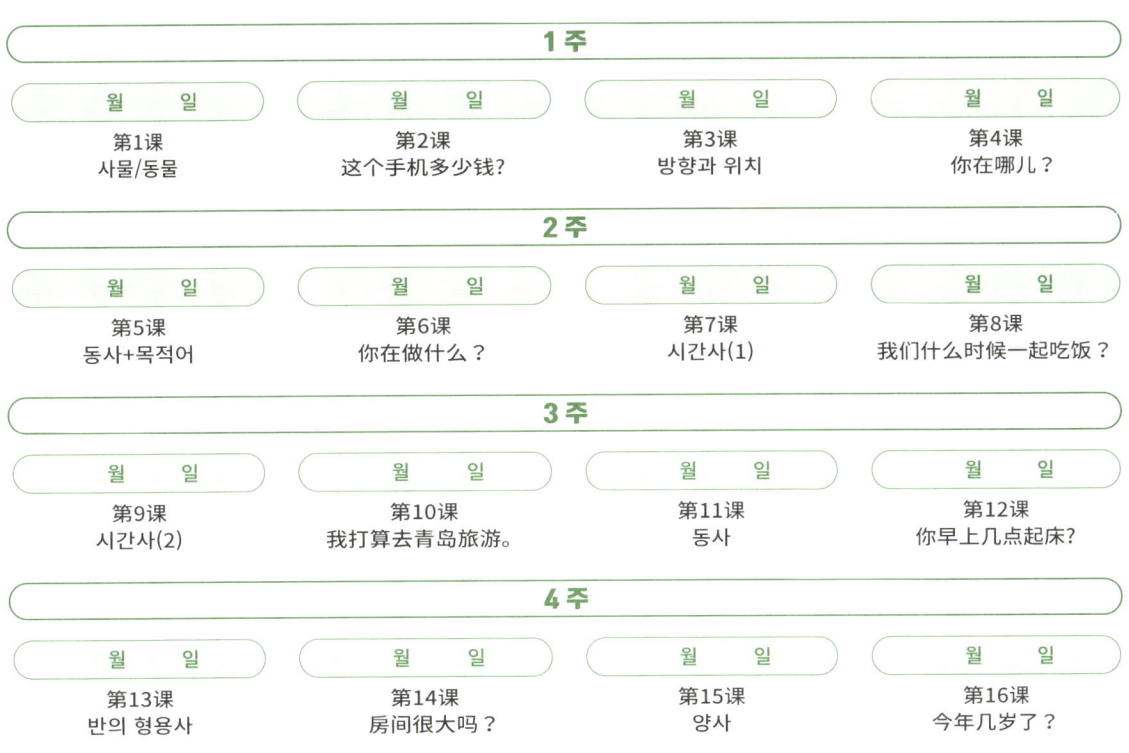

2개월 완성! 탄탄히 아자!

preface

안녕하세요, '차이나라이 중국어' 나라이쌤입니다. <차이나라이 중국어회화>는 유튜브 채널 '차이나라이 중국어'에서 인기를 얻은 중국어 왕초보 강의에서 힘을 얻어 제작하게 되었습니다. 제 수업 특유의 간단명료한 방식으로 학습지 형태의 교재를 출판하는 것이 가능할까에 대해 고민했지만 몇 년간 이어진 구독자님들의 칭찬과 응원으로 드디어 책을 출판하게 되었습니다. <에어클래스>에서 판매되는 동영상 강의와 함께 공부하도록 구성되었지만 독학하시는 분들도 효과를 볼 수 있도록 다음과 같은 부분에 중점을 두고 구성하였습니다.

- **직관적이고 단도직입적인 학습:** 많은 설명을 배제하고, 단어를 공부하면 즉각적으로 문장을 만들어 낼 수 있는 방법으로 구성하였습니다.
- **학습자 중심의 학습:** 교사가 계속해서 설명하는 방식이 아니라, 핵심적인 내용만 전달하고 이를 바탕으로 학습자가 스스로 반복 훈련할 수 있도록 질문을 던지는 형식을 취했습니다.
- **성인 학습자의 특성 고려:** 성인 학습자는 이미 모국어가 확립된 상태이므로, 아이처럼 무조건 많이 듣고 따라 하는 방법으로는 어려움이 있습니다. 나이가 들면서 암기력보다는 이해력이 높아지기 때문에 문법 구조를 알고 이를 활용하는 방법으로 제시했습니다. 특히 중국어는 '고립어'라는 언어적 특징으로 인해 '은/는', '~에'와 같은 문법적 수식이 없어도 의사 표현이 가능하므로, 초급 수준에서도 어느 정도 말을 빨리 구사할 수 있습니다. 이 정도만 되어도 중국 여행에서 어눌하지만 즐겁게 현지인과 소통하는 경험을 할 수 있으며, 이는 계속해서 공부하고자 하는 동기부여가 될 것입니다.
- **한국어와의 차이점 부각:** 중국어를 배울 때 한국어와 크게 다른 점은 존댓말 사용 여부, 동사(서술어)와 목적어의 위치, 그리고 성조의 유무입니다. 일상생활에서 사용되는 한국어와 더욱 유사하게 가기 위해 작문 제시문은 존댓말과 반말을 의도적

차이나라이 중국어회화 2 LEVEL

으로 혼용하여, 이를 통해 중국어에서는 그 둘을 크게 구분하지 않음을 인지할 수 있도록 하였습니다. 또한, 한국어에서 잘 사용되지 않는 3인칭 표현인 '그, 그녀, 그들'을 이해를 돕기 위해 사용하되, '쟤'라는 표현도 3인칭 지칭에 사용될 수 있음을 보여주고자 했습니다. 반대로, 한국어에서는 주어를 생략하는 경우가 많지만, 중국어로 말할 때 의식적으로 주어를 포함하는 연습도 가능하도록 배치하였습니다.

- **인풋과 아웃풋:** 무엇이든 입력(인풋)이 있어야 출력(아웃풋)이 가능합니다. 언어 학습에 있어 어느 정도의 암기는 필수적입니다. 반복적인 입력을 통해 출력이 가능하도록 공백 연습문제가 많은 것도 이 때문입니다. 홀수 단원에서는 새로운 단어를 외우고, 그 단어로 충분히 많은 문장을 만들어낼 수 있음을 인지하시고, 짝수 단원에서는 단어를 활용한 회화문을 통해 조금씩 디테일한 문법과 자연스러운 표현으로 점점 긴 문장을 만드는 연습을 하십시오. 짝수 단원에서 학습한 내용의 회화문을 한어병음이나 중국어로 완성시키는 부분은 답지에 제공되지 않았으니, 본문 회화문을 참고하시기 바랍니다.

언어 공부, 특히 작문을 하다 보면 내가 생각한 표현이 답지에 없을 때가 있습니다. 지면상의 한계와 설명의 한계로 여러 표현을 모두 다룰 수 없음을 이해하시고, 답지에 있는 표현만이 정답이 아니라는 여유를 가지시길 바랍니다. 또한, 여러 중국인의 발음을 들어 볼 수 있도록 세 명의 다른 목소리로 녹음을 했으니 좀 더 실제적인 발음이 될 것입니다.

중국어 학습에 도전하는 여러분을 응원합니다. 이 교재가 중국어를 배우는 즐거움을 더하고, 여러분의 삶에 새로운 경험을 열어주기를 바랍니다.

contents

第 1 课　사물/동물 ……………………………………………………… 6
第 2 课　这个手机多少钱？(이 핸드폰 얼마예요?) ………………… 15
第 3 课　방향과 위치 …………………………………………………… 27
第 4 课　你在哪儿？(너 어디 있어??) ……………………………… 36
第 5 课　동사+목적어 …………………………………………………… 49
第 6 课　你在做什么？(너 지금 뭐 해?) …………………………… 58
第 7 课　시간사(1) ……………………………………………………… 70
第 8 课　我们什么时候一起吃饭？(우리 언제 같이 밥 먹어?) …… 79
第 9 课　시간사(2) ……………………………………………………… 92
第10课　我打算去青岛旅游。(칭다오에 여행 갈 계획이야) ……… 101
第11课　동작을 나타낸다 - 동사 …………………………………… 113
第12课　你早上几点起床？(너는 아침에 몇시에 일어나?) ……… 123
第13课　반의 형용사 …………………………………………………… 135
第14课　房间很大吗？(방이 커?) …………………………………… 144
第15课　양을 세는 단위 - 양사 ……………………………………… 155
第16课　今年几岁了？(올해 몇 살이야?) ………………………… 164
답지 ……………………………………………………………………… 176

차이나라이 중국어회화 2 LEVEL

1
사물/동물
차이나라이 LEVEL 2

> **복습하기**

나머지 셋과 분류가 다른 하나를 고르세요.

1	意大利	法国	上海	中国
2	地铁	飞机	出租车	苹果
3	面条	水果	咖啡	米饭
4	非常	很	有点儿	吗
5	去	冷	坐	吃
6	哥哥	妹妹	同学	爷爷
7	名字	图书馆	商店	医院
8	日本人	哪国人	英国人	中国人
9	什么	哪儿	谁	但是
10	好	漂亮	说	饿
11	从	想	要	会
12	呢	吗	吧	嗯
13	再	有	都	也

단어 배우기

사물과 동물

东西	dōngxi	물건
手机	shǒujī	핸드폰
电视	diànshì	텔레비전
电脑	diànnǎo	컴퓨터
桌子	zhuōzi	책상
椅子	yǐzi	의자
衣服	yīfu	옷
杯子	bēizi	컵
狗	gǒu	개
猫	māo	고양이

단어 익히기

단어를 써 보면서 충분히 단어를 익히세요.

물건	东西 dōngxi				
핸드폰	手机 shǒujī				
텔레비전	电视 diànshì				
컴퓨터	电脑 diànnǎo				
책상	桌子 zhuōzi				
의자	椅子 yǐzi				
옷	衣服 yīfu				
컵	杯子 bēizi				
개	狗 gǒu				
고양이	猫 māo				

출력하기

중국어로 소리 내어 말해 보세요.

옷	책상	텔레비전	물건
개	컴퓨터	핸드폰	고양이
手机	东西	桌子	狗
电脑	猫	椅子	杯子

위의 단어를 한어병음으로 써 보세요.

출력하기
어떤 단어의 한어병음인지 밑줄 긋고, 한자를 쓰세요.

xidgshoujiet →

kayifulbicuz →

diannaoizliw →

abeizigseyu →

behoidongxi →

koughoemao →

baizizhuozi →

gouakeisetq →

timesdianshi →

yizichuoiwen →

문장 만들기
지시사를 배워 봅시다.

❶ 무언가를 가리키는 지시사

가까운 것을 가리킴	这(个) zhè (ge)	이(것), 이사람
먼 것 또는 앞서 언급한 것을 가리킴	那(个) nà (ge)	저/그(것), 저/그 사람
특정하지 않은 어떤 것에 대한 물음	哪(个) nǎ (ge)	어느(것), 어느 사람

이것은 컴퓨터입니다.	这(个)是电脑。
그것은 제 책상이 아닙니다.	那(个)不是我的桌子。
어느 것이 당신의 컵입니까?	哪(个)是你的杯子？

❷ 장소를 가리키는 지시사

가까운 곳(장소)을 가리킴	这儿(zhèr)/这里(zhèli)	여기
먼 곳(장소)을 가리킴	那儿(nàr)/那里(nàli)	저기/거기
특정하지 않은 어떤 곳(장소)에 대한 물음	哪儿(nǎr)/哪里(nǎli)	어디

여기에 개가 있어요.	这里有狗。
우리는 버스 타고 거기에 가요.	我们坐公共汽车去那儿。
너 어디 가?	你去哪儿？

❸ 어떤 사람이 있는 그곳

사람+这儿/那儿

당신이 저 있는 여기로 오세요.	你来我这儿吧。
샤오리는 선생님이 계신 곳에 있어.	小李在老师那儿。

출력하기
다음 문장을 한어병음으로 쓰세요.

1. 이것은 텔레비전입니다.

2. 이것은 도서관입니다.

3. 그것은 나의 핸드폰입니다.

4. 저것은 의자가 아닙니다.

5. 이 사람은 우리 선생님이 아닙니다.

6. 저거 누구 거야?

7. 이것은 무엇입니까?

8. 저것은 무엇입니까?

9. 여기는 식당이 아닙니다.

10. 당신은 저기로 가세요.

출력하기

다음을 어순에 맞게 배열하세요.

이것은 제 고양이입니다. (我 / 这 / 猫 / 是 / 的)	저것은 제 친구의 개가 아닙니다. (不是 / 朋友 / 那 / 我 / 的 / 狗)
저것은 중국에 가는 비행기입니다. (去 / 的 / 那 / 中国 / 飞机 / 是)	이것은 베이징 가는 기차입니까? (去 / 这 / 的 / 是 / 吗 / 北京 / 火车)
당신은 어느 나라 사람입니까? (国 / 你 / 是 / 人 / 哪)	어느 나라 사람이 잘생겼어요? (国 / 帅 / 很 / 哪 / 人)
어느 것이 맛있습니까? (哪 / 好 / 个 / 吃)	너 어느 거 좋아해? (个 / 你 / 哪 / 喜欢)
제가 당신 있는 데로 갈게요. (你 / 我 / 那儿 / 去)	저기 지하철역이 있어. (地铁站 / 那里 / 有)

(* 站 zhàn 역)

2

这个手机多少钱?

차이나라이 LEVEL 2

복습하기
한국어 뜻과 한어병음, 한자를 연결시키세요.

衣服 •	• bēizi •	• 컵
手机 •	• diànnǎo •	• 핸드폰
杯子 •	• yīfu •	• 고양이
电脑 •	• shǒujī •	• 컴퓨터
猫 •	• yǐzi •	• 옷
椅子 •	• māo •	• 의자
东西 •	• diànshì •	• 물건
电视 •	• dōngxi •	• 텔레비전
狗 •	• zhuōzi •	• 개
桌子 •	• gǒu •	• 책상

오늘의 회화
물건 사기

▶ **这个手机多少钱？**

A: 这是什么？很好看。
Zhè shì shénme? Hěn hǎokàn.

이건 뭐예요? 예쁘네요.

B: 这是苹果手机，你喜欢吗？
Zhè shì píngguǒ shǒujī, nǐ xǐhuan ma?

이건 애플 핸드폰(아이폰)입니다.
마음에 드세요?

A: 这个手机多少钱？
Zhè ge shǒujī duōshaoqián?

이 핸드폰은 얼마죠?

B: 七千二百块。
Bābǎi èrshí kuài.

7200위안입니다.

A: 太贵了，便宜点儿吧！
Tài guì le, piányi diǎnr ba!

너무 비싸요. 좀 싸게 해 주세요.

B: 你说要多少钱？
Nǐ shuō yào duōshaoqián?

얼마를 원하는지 당신이 말해 보세요.

A: 我喜欢这个，给我七千吧。
Wǒ xǐhuan zhè ge, gěi wǒ qībǎiwǔ ba.

저 이게 마음에 드는데
7000위안에 주세요.

B: 行行行。
Xíng xíng xíng.

알았어요, 알았어요. 그렇게 하세요.

단어 배우기
딱 10단어만 외워요.

多少	duōshao	얼마
钱	qián	돈
块	kuài	위안 단위
千	qiān	천
万	wàn	만
便宜	piányi	싸다
(一)点儿	(yì) diǎnr	약간, 조금
要	yào	원하다, 필요하다
给	gěi	주다
行	xíng	된다, 가능하다 [구어에서 허락을 나타냄]

단어 익히기

단어를 써 보면서 충분히 단어를 익히세요.

얼마	多少 duōshao				
돈	钱 qián				
위안 단위	块 kuài				
천	千 qiān				
만	万 wàn				
싸다	便宜 piányi				
약간, 조금	(一)点儿 (yì) diǎnr				
원하다, 필요하다	要 yào				
주다	给 gěi				
된다, 가능하다	行 xíng				

출력하기
중국어로 소리 내어 말해 보세요.

便宜	千	钱	行
(一)点儿	多少	要	给
위안	된다, 가능하다	싸다	돈
주다	만	얼마	약간

위의 단어를 한어병음으로 써 보세요.

출력하기

다음 숫자를
읽어 보세요.

652	840	100	120
402	2000	7350	1600
3601	9004	5080	70030
41576	33000	25000	22200

핵심 콕콕! 나라이쌤과 핵심구문을 배워요.

❶ 가격 말하기

	3	.	8	5
서면 표기 시	元(yuán)	.	角(jiǎo)	分(fēn)
구어 발음 시	块(kuài)	.	毛(máo)	分(fēn)

元(위안)이 기준 단위이다.
소수점 아래 단위는 숫자 하나씩 읽는다.
    三块八毛五分 (o)   三块分 (x)
마지막 단위는 생략할 수 있다.
    三块八毛五 (o)
단위(양사) 앞의 2는 언제나 两으로 읽는다.
    2.22 元 = 两块两毛两分 = 两块两毛二

❷ 형용사 + 一点儿   (형용사 상태가 되게) 좀 하다

便宜(一)点儿!   싸게 좀 하다.

快(一)点儿!   빨리 좀 하다.

多(一)点儿!   많이 좀 하다.

❸ 给   ~에게 ~을/를 주다

你给我水。   (너) 나한테 물을 줘.

妈妈给我钱。   엄마는 나에게 돈을 주신다.

你给我手机。   너 나에게 핸드폰을 줘라.

출력하기

다음 가격을 읽고 중국어로 써 보세요.

- 35.5元
- 1.5元
- 62.96元
- 90.40元
- 170.60元
- 200元
- 10.05元
- 2200元
- 307.06元
- 60.85元
- 100元
- 12000元

출력하기
다음 문장을
중국어로 쓰세요.

1. 네 핸드폰 얼마야?

2. 이 컵은 10.5위안입니다.

3. 우리 딸은 애플 핸드폰을 엄청 좋아해요.

4. 요즘 삼성 텔레비전은 약간 비싸요. (* 三星 Sānxīng 삼성)

5. 저는 피자랑 콜라 주세요(원해요).

6. (저는) 이거 주세요(원해요).

7. (당신은) 몇 개 원해요? (* 个 ge 개[개수를 셈])

8. 과일은 싸요, 근데 맛없어요.

9. 안돼, 이리 줘(나한테 줘).

10. 여기 있어요.

회화 완성

회화문을 한어병음으로 완성하세요.

A : 이건 뭐예요? 예쁘네요.

A :

B : 이건 애플 핸드폰(아이폰)입니다. 마음에 드세요?

B :

A : 이 핸드폰은 얼마죠?

A :

B : 7200위안입니다.

B :

A : 너무 비싸요. 좀 싸게 해 주세요.

A :

B : 얼마를 원하는지 당신이 말해 보세요.

B :

A : 저 이게 마음에 드는데 7000위안에 주세요.

A :

B : 알았어요, 알았어요. 그렇게 하세요.

B :

회화 완성

회화문을 중국어로 완성하세요.

A : 이건 뭐예요? 예쁘네요.

_____? 很好看。

B : 이건 애플 핸드폰(아이폰)입니다. 마음에 드세요?

这是_____，你_____吗？

A : 이 핸드폰은 얼마죠?

这个手机_____？

B : 7200위안입니다.

_____块。

A : 너무 비싸요. 좀 싸게 해 주세요.

_____，_____点儿吧！

B : 얼마를 원하는지 당신이 말해 보세요.

你说_____？

A : 저 이게 마음에 드는데 7000위안에 주세요.

我_____，_____750吧。

B : 알았어요, 알았어요. 그렇게 하세요.

_____。

3
방향과 위치
차이나라이 LEVEL 2

복습하기
다음 문장을 중국어로 쓰세요.

1. 이건 누구의 책상이니?

2. 이건 무슨 물건이지?

3. 너는 어느 핸드폰 좋아해?

4. 어느 영화가 좋을까?

5. 그 사과 맛없어요.

6. 저 옷 예쁘다.

7. 선생님의 고양이는 엄청 귀여워.

8. 저는 강아지와 고양이를 좋아합니다.

9. 어느 게 제 컵이죠?

10. 저건 학교 가는 버스입니다.

단어 배우기

방향과 위치

上边	shàngbian	위쪽
下边	xiàbian	아래쪽
前边	qiánbian	앞쪽
后边	hòubian	뒤쪽
里边	lǐbian	안쪽
外边	wàibian	바깥쪽
左边	zuǒbian	왼쪽
右边	yòubian	오른쪽
旁边	pángbiān	옆쪽
对面	duìmiàn	맞은편

단어 익히기

단어를 써 보면서 충분히 단어를 익히세요.

위쪽	上边 shàngbian				
아래쪽	下边 xiàbian				
앞쪽	前边 qiánbian				
뒤쪽	后边 hòubian				
안쪽	里边 lǐbian				
바깥쪽	外边 wàibian				
왼쪽	左边 zuǒbian				
오른쪽	右边 yòubian				
옆쪽	旁边 pángbiān				
맞은편	对面 duìmiàn				

출력하기
그림이 나타내는 방위사를 쓰세요!

출력하기

다음 단어를
소리 내어 말해 보세요.

右边	上边	外边	下边
后边	里边	前边	对面
바깥쪽	뒤쪽	아래쪽	옆쪽
맞은편	옆쪽	안쪽	오른쪽

위의 단어를 한어병음으로 써 보세요.

문장 만들기
'~에 있다' 문장

❶ 긍정문 ('~에 있다' = 在 zài)

저는 학교에 있습니다.	저는	있습니다.	학교에
	我	在	学校。
학원은 맞은편에 있습니다.	학원은	있습니다.	맞은편에
	补习班	在	对面。

❷ 부정문 ('~에 있지 않다' = 不在 búzài)

저는 학교에 있지 않습니다.	저는	있지 않습니다.	학교에
	我	不在	学校。
핸드폰은 책상 위에 없습니다.	핸드폰은	없습니다.	책상 위에
	手机	不在	桌子上边。

❸ 의문문

1. 어기조사 의문문

고양이는 의자 아래에 없습니까?	고양이는	없습니-	의자 아래	까?
	猫	不在	椅子下边	吗？

2. 정반의문문

아빠는 집 안에 계세요 안 계세요?	아빠는	계세요	안 계세요	집 안에
	爸爸	在	不在	家里？

3. 의문사 의문문

영화관은 어디에 있어요?	영화관은	있어요	어디에
	电影院	在	哪儿？

출력하기
다음 문장을
중국어로 쓰세요.

1. 과일이 테이블(책상) 위에 있다.

2. 컵은 책 옆에 있다.

3. 고양이가 의자 아래에 있다.

4. 선생님은 제 앞에 계세요.

5. 우리 학교는 식당 오른쪽에 있다.

6. 우리 회사는 병원 왼쪽에 있다.

7. 커피숍은 도서관 뒤쪽에 있다.

8. 친구네 집은 은행 맞은편에 있다.

9. 형은 회사 안에 있다.

10. 개는 상점 밖에 있다.

출력하기

다음을 어순에 맞게 배열하세요.

식당은 서점 위에 있다. (饭馆 / 书店 / 上边 / 在 / 。)	상하이는 북경 아래쪽에 있다. (在 / 下边 / 北京 / 上海 / 。)
커피는 빵 옆에 있다. (面包 / 咖啡 / 在 / 旁边 / 。)	선생님은 교실 안에 안 계신다. (里边 / 不 / 老师 / 教室 / 在 / 。)
아빠 내 옆에 계셔. (在 / 旁边 / 爸爸 / 我 / 。)	엄마 집에 안 계셔. (家 / 妈妈 / 在 / 里边 / 不 / 。)
나 너 맞은편에 있어. (我 / 的 / 你 / 在 / 对面 / 。)	너 어디에 있어? (在 / 你 / 哪儿 / ？)
내 핸드폰 어디에 있지? (哪儿 / 手机 / 我 / 的 / 在 / ？)	내 중국어 책 어디에 있지? (的 / 汉语 / 我 / 在 / 哪儿 / 书 / ？)

4

你在哪儿?

차이나라이 LEVEL 2

복습하기
2과의 회화문을 중국어로 완성하세요.

A : 이건 뭐예요? 예쁘네요.

A :

B : 이건 애플 핸드폰(아이폰)입니다. 마음에 드세요?

B :

A : 이 핸드폰은 얼마죠?

A :

B : 7200위안입니다.

B :

A : 너무 비싸요. 싸게 좀 해 주세요.

A :

B : 얼마를 원하는지 당신이 말해 보세요.

B :

A : 저 이게 마음에 드는데 7000위안에 주세요.

A :

B : 알았어요, 알았어요. 그렇게 하세요.

B :

오늘의 회화
위치 말하기

▶ 你在哪儿？

A：你在哪儿？
　　Nǐ zài nǎr?

너 어디야?

B：我在宿舍里。
　　Wǒ zài sùshè lǐ.

나 기숙사 안에 있지.

A：在宿舍里干什么？
　　Zài sùshè lǐ gàn shénme?

기숙사에서 뭐 해?

B：看书。
　　Kàn shū.

책 봐.

A：那么我现在可以过去吗？
　　Nàme wǒ xiànzài kěyǐ guòqu ma?

그럼 나 지금 가도 돼?

B：可以呀，过来吧！
　　Kěyǐ ya, guòlai ba!

그래, 와!

A：留学生宿舍在哪儿？
　　Liúxuéshēng sùshè zài nǎr?

유학생 기숙사가 어디 있지?

B：在饭馆旁边。
　　Zài fànguǎn pángbiān.

식당 옆에 있어.

A：在图书馆右边吗？
　　Zài túshūguǎn yòubian ma?

도서관 오른쪽에 있어?

B：对，就是那里。
　　Duì, jiùshì nàli.

맞아, 바로 거기야.

단어 배우기
딱 10단어만 외워요!

在	zài	~에 있다
干	gàn	하다
那么	nàme	그러면 [문장 맨 앞]
可以	kěyǐ	~해도 된다 [허락]
呀	ya	啊와 동일 [부드러운 말투를 나타냄]
过去	guòqu	(지나)가다
过来	guòlai	(지나)오다
留学生	liúxuéshēng	유학생
对	duì	맞다
就是	jiùshi	바로 ~이다 [강조]

단어 익히기

단어를 써 보면서 충분히 단어를 익히세요.

~에 있다	在 zài				
하다	干 gàn				
그러면 [문장 맨 앞]	那么 nàme				
~해도 된다 [허락]	可以 kěyǐ				
啊와 동일 [부드러운 말투]	呀 ya				
(지나)가다	过去 guòqu				
(지나)오다	过来 guòlai				
유학생	留学生 liúxuéshēng				
맞다	对 duì				
바로 ~이다 [강조]	就是 jiùshi				

출력하기
다음 단어에 맞는 한어병음을 고르세요.

그러면
nàme | ya

유학생
liúxuéshēng | xuésheng

가다
kěyǐ | guòqu

맞다
duì | gàn

~에 있다
zài | cài

就是
gāoxìng | jiùshi

过来
guòlai | piányi

呀
gěi | ya

可以
yìdiǎnr | kěyǐ

干
qián | gàn

출력하기

다음 단어들을 성조에 따라 분류하세요.

钱	给	下	拉	千	手
干	以	对	生	东	前
衣	在	留	常	里	杯
脑	就	后	右	桌	点
旁	椅	外	门	左	毛

1성

2성

3성

4성

핵심 콕콕! 나라이쌤과 핵심구문을 배워요.

❶ 在+장소   ~에 있다

我们在补习班外边。   우리는 학원 밖에 있어요.

他们在咖啡店前边。   걔네는 커피숍 앞에 있어.

我不在家里。   나 집에 없어.

你在哪儿？   너 어디 있어?

❷ 可以+동사   ~해도 된다

你可以吃这个。   너 이거 먹어도 돼.

我可以回家吗？   저 집에 가도 돼요?

学生们不可以说韩语。   학생들은 한국어를 말하면 안 됩니다.

你不可以喝牛奶。   너는 우유 먹으면 안 된다.

❸ 过去/ 过来   가다/오다

我过去看他。   내가 가서 그를 (만나)볼게.

我马上过去。   내가 곧 갈게.

你快过来！   너 빨리 와!

服务员，过来吧！   종업원, (여기 좀) 와 보세요.

출력하기
다음 문장을 중국어로 쓰세요.

1. 저 여기 있어요.

2. 엄마는 회사에 계세요?

3. 우리 병원 옆에 있는 상점에 가자!

4. 먹어도 돼요?

5. 저 가도 돼요?

6. 그럼 나한테 320위안을 줘.

7. 그럼 오늘 출근 안 해?

8. 그녀가 바로 프랑스 유학생이에요.

9. 제가 가서 좀 볼게요.

10. 당신도 와서 좀 앉으세요.

출력하기
다음 문장의 한어병음을 채우세요.

얼마예요?	__ __ __ s __ __ __ q __ __ __ ?
너무 비싸요.	__ __ __ g __ __ __ __ .
싸게 해 주세요.	__ i __ __ __ __ i __ __ __ __ __ !
전 저게 좋아요.	W __ __ __ __ u __ __ __ __ __ __ __ .
그러세요.	__ __ __ __ .
저 주세요.	__ __ __ w __ .
너 어디 있어?	N __ __ __ __ n __ __ ?
이리 와.	__ __ __ a __ .
바로 이거야.	J __ __ __ __ __ __ g __ .
바로 너!	__ __ __ __ __ __ __ .

회화 완성

회화문을 한어병음으로 완성하세요.

A : 너 어디야?

A :

B : 나 기숙사 안에 있지.

B :

A : 기숙사에서 뭐 해?

A :

B : 책 봐.

B :

A : 그럼 나 지금 가도 돼?

A :

B : 그래, 와!

B :

A : 유학생 기숙사가 어디 있지?

A :

B : 식당 옆에 있어.

B :

A : 도서관 오른쪽에 있어?

A :

B : 맞아, 바로 거기야.

B :

회화 완성

회화문을 중국어로 완성하세요.

A : 너 어디야?

　_____？

B : 나 기숙사 안에 있지.

　我在_____。

A : 기숙사에서 뭐 해?

　宿舍里_____？

B : 책 봐.

　_____。

A : 그럼 나 지금 가도 돼?

　____我现在_____吗？

B : 그래, 와!

　_____呀，_____吧！

A : 유학생 기숙사가 어디 있지?

　_____呢？

B : 식당 옆에 있어.

　在_____。

A : 도서관 오른쪽에 있어?

　在_____吗？

B : 맞아, 바로 거기야.

　对，_____。

중간 점검

1~4과에서 배운 단어의 한자, 한어병음, 뜻을 쓰세요.

桌子	分	毛	后边
可以	里边	电视	块
呀	东西	多少	过去
千	手机	钱	电脑
下边	行	猫	给
앞쪽	원하다	맞은편	의자
유학생	왼쪽	오다	오른쪽
맞다	컵	바로 ~이다	옆쪽
싸다	개	옷	만
(형용사) 좀 하다	위쪽	하다	바깥쪽, 밖

5

동사+목적어

차이나라이 LEVEL 2

> **복습하기**

한국어 뜻과 한어병음, 한자를 연결시켜 보세요.

前边　•　　　• qiánbian •　　　• 아래쪽

下边　•　　　• hòubian •　　　• 앞쪽

上边　•　　　• xiàbian •　　　• 맞은편

后边　•　　　• shàngbian •　　　• 뒤쪽

外边　•　　　• duìmiàn •　　　• 오른쪽

右边　•　　　• pángbiān •　　　• 위쪽

对面　•　　　• yòubian •　　　• 바깥쪽

旁边　•　　　• wàibian •　　　• 왼쪽

里边　•　　　• lǐbian •　　　• 옆쪽

左边　•　　　• zuǒbian •　　　• 안쪽

단어 배우기
동사와 관련 목적어

听	tīng	듣다
音乐	yīnyuè	음악
写	xiě	쓰다
汉字	Hànzì	한자
读	dú	읽다
买	mǎi	사다
休息	xiūxi	쉬다
做	zuò	하다
作业	zuòyè	숙제
话	huà	말

단어 익히기

단어를 써 보면서
충분히 단어를 익히세요.

듣다	听 tīng				
음악	音乐 yīnyuè				
쓰다	写 xiě				
한자	汉字 Hànzì				
읽다	读 dú				
사다	买 mǎi				
쉬다	休息 xiūxi				
하다	做 zuò				
숙제	作业 zuòyè				
말	话 huà				

출력하기
다음 단어에 맞는 한어병음을 고르세요.

숙제를 하다		책을 읽다	
mǎi píngguǒ	zuò zuòyè	dú shū	zuò shū

음악을 듣다		한자를 쓰다	
tīng yīnyuè	kàn shū	qí chē	xiě Hànzì

옷을 사다		지하철을 탄다	
mǎi yīfu	yǒu zuòyè	qù sùshè	zuò dìtiě

텔레비전을 보다		컴퓨터를 하다	
mài diànshì	kàn diànshì	xiě diànnǎo	wánr diànnǎo

말을 하다		물건을 사다	
chī Zhōngguócài	shuō huà	mǎi dōngxi	qù lǚyóu

출력하기

박스 안의 한자를 골라 문장을 완성하세요.

书	汉字	读	电视	作业	奶奶
做	妈妈	听	我们	玩儿	哥哥
妹妹	姐姐	看	音乐	话	电脑
说	写	弟弟	买	休息	爷爷

❶ 엄마는 텔레비전을 보신다.

❷ 우리들은 책을 읽는다.

❸ 여동생은 숙제한다.

❹ 할머니는 음악을 들으신다.

❺ 할아버지는 한자를 쓰신다.

❻ 형은 쉰다.

❼ 언니는 말한다.

❽ 남동생은 컴퓨터를 한다.

문장 만들기
'~하고 있다' 문장

❶ 긍정문 (在 +동사: ~하고 있다, ~하는 중이다)

저는 영화를 보고 있습니다.	저는	~(하)고 있다	보-	영화를
	我	在	看	电影
여동생은 숙제를 하고 있습니다.	여동생은	~(하)고 있다	하-	숙제를
	妹妹	在	做	作业

❷ 부정문 (핵심은 没 méi)

저는 영화를 안 보고 있습니다.	저는	안-(하)고 있다	보-	영화를
	我	没在	看	电影
그는 음악을 안 듣고 있습니다	그는	안-(하)고 있다	듣-	음악을
	他	没在	听	音乐

❸ 의문문

1. 어기조사 의문문

당신은 영화를 보고 있습니까?	당신은	~(하)고 있다	보-	영화를	까?
	你	在	看	电影	吗?
선생님은 책을 읽고 계십니까?	선생님은	~(하)고 있다	읽-	책을	까?
	老师	在	读	书	吗?

2. 의문사 의문문

당신은 무엇을 하고 있습니까?	당신은	~(하)고 있다	하-	무엇을
	你	在	做	什么?
그녀는 무엇을 말하고 있습니까?	그녀는	~(하)고 있다	말하-	무엇을
	她	在	说	什么?

출력하기

다음 문장을 한어병음으로 쓰세요.

1. 친구들은 콜라를 마시고 있다.

2. 아빠는 중국어를 공부하고 계십니다.

3. 너 뭐 먹고 있어?

4. 걔는 뭐 하고 있어?

5. 너 무슨 책 읽고 있어?

6. 우리 남편은 컴퓨터를 하고 있어요.

7. 모두들 텔레비전을 보고 있어.

8. 나 차 안 마시고 있어.

9. 걔 숙제 안 하고 있어.

10. 우리는 쉬고 있어.

출력하기
다음 문장을 중국어로 쓰세요.

1. 선생님께서는 커피를 드시고 계신다.

2. 내가 너를 보고 있어.

3. 너 뭐 하고 있어?

4. 반 친구들은 모두 책을 읽고 있다.

5. 너희들도 밥 먹고 있니?

6. 여동생은 음악을 듣고 있다.

7. 중국 친구는 한자를 쓰고 있다.

8. 그는 놀고 있다.

9. 나는 집에서 쉬고 있어.

10. 나 지금 밥 먹고 있어.

6
你在做什么？
차이나라이 LEVEL 2

복습하기

4과의 회화문을
중국어로 완성하세요.

A : 너 어디야?

A :

B : 나 기숙사 안에 있지.

B :

A : 기숙사에서 뭐 해?

A :

B : 책 봐.

B :

A : 그럼 나 지금 가도 돼?

A :

B : 그래, 와!

B :

A : 유학생 기숙사가 어디 있지?

A :

B : 식당 옆에 있어.

B :

A : 도서관 오른쪽에 있어?

A :

B : 맞아, 바로 거기야.

B :

오늘의 회화
취미 말하기

▶ 你在做什么？

A： 你在做什么？
　　Nǐ zài zuò shénme?

너 지금 뭐 하고 있어?

B： 我在做作业。
　　Wǒ zài zuò zuòyè.

나는 숙제하는 중이야.

A： 学汉语有意思吗？
　　Xué Hànyǔ yǒu yìsi ma?

중국어 배우는 것은 재미있어?

B： 很有意思，但是写汉字有点儿难。
　　Hěn yǒu yìsi,
　　dànshì xiě Hànzì yǒudiǎnr nán.

아주 재미있어,
근데 한자 쓰는 건 좀 어려워.

A： 休息的时候，你干什么？
　　Xiūxi de shíhou, nǐ gàn shénme?

쉴 때 너는 뭐 하니?

B： 有时候去买东西，有时候出去运动。
　　Yǒushíhou qù mǎi dōngxi,
　　yǒushíhou chūqù yùndòng.

어떤 때는 물건을 사러 가고,
어떤 때는 운동하러 나가기도 해.

A： 你喜欢什么运动？
　　Nǐ xǐhuan shénme yùndòng?

너는 무슨 운동을 좋아해?

B： 我喜欢打篮球。
　　Wǒ xǐhuan dǎ lánqiú.

난 농구하는 거 좋아해.

A： 你去打篮球的时候给我打电话。
　　Nǐ qù dǎ lánqiú de shíhou gěi wǒ
　　dǎ diànhuà.

너 농구하러 갈 때, 나한테
전화해.

B： 好的，一起去吧!
　　Hǎo de, yìqǐ qù ba!

그래, 같이 가자.

단어 배우기
딱 10단어만 외워요!

在	zài	~하는 중이다 [현재진행형]
有意思	yǒu yìsi	재미있다
难	nán	어렵다
~的时候	~de shíhou	할 때
有(的)时候	yǒu(de)shíhou	어떤 때는, 가끔은
运动	yùndòng	운동(하다)
打	dǎ	치다, 때리다
篮球	lánqiú	농구
电话	diànhuà	전화
一起	yìqǐ	함께, 같이

단어 익히기

단어를 써 보면서 충분히 단어를 익히세요.

~하는 중이다	在 zài				
재미있다	有意思 yǒu yìsi				
어렵다	难 nán				
~할 때	~的时候 ~de shíhou				
어떤 때는, 가끔은	有(的)时候 yǒu(de)shíhou				
운동(하다)	运动 yùndòng				
치다, 때리다	打 dǎ				
농구	篮球 lánqiú				
전화	电话 diànhuà				
함께, 같이	一起 yìqǐ				

출력하기
중국어로 소리 내어 말해 보세요.

재미있다	어떤 때는, 가끔은	어렵다	~할 때
운동(하다)	같이, 함께	농구하다	전화하다
难	运动	~的时候	打篮球
有意思	打电话	有(的)时候	一起

위의 단어를 한어병음으로 써 보세요.

출력하기
괄호 안에 들어갈 한자를 찾으세요.

有(　　)思: 재미있다

| 没 | 一 | 意 |

电(　　): 전화

| 说 | 店 | 话 |

一(　　): 같이, 함께

| 打 | 起 | 床 |

打篮(　　): 농구하다

| 球 | 九 | 难 |

(　　)动: 운동

| 物 | 词 | 运 |

有(　　)候: 어떤 때는

| 在 | 时 | 十 |

출력하기

다음 문장을 중국어로 쓰세요.

1. 너 뭐 하고 있어?

2. 너 오늘 뭐 할 거야?

3. 난 음악을 듣는 중이야.

4. 중국 영화는 정말 재미있어.

5. 영어를 배우는 건 어려워.

6. 집에 갈 때 나한테 전화해. (* 给 gěi ~에게)

7. (당신이) 물건 살 때, 우리 상점에 오셔도 돼요.

8. 너 무슨 운동 좋아해?

9. 가끔은 쉬어도 돼.

10. 그럼 우리 같이 가자.

핵심 콕콕! 나라이쌤과 핵심구문을 배워요.

❶ 在 + 동사 — ~하는 중이다, ~하고 있다

妈妈在看电影。 — 엄마는 영화를 보시는 중이다.

弟弟在读书。 — 남동생은 책 읽는 중이다.

爸爸在做菜。 — 아빠는 요리를 하고 계신다.

❷ ~的时候 — ~할 때

上班的时候你坐什么？ — 출근할 때 (당신은) 뭐를 타세요?

回家的时候我要买面包。 — 집에 갈 때 나는 빵을 살 거야.

她回国的时候我也一起回国。 — 그녀가 귀국할 때 나도 같이 귀국해.

❸ 给 + 사람 + 동사 — ~에게 (동사)하다

我的男朋友每天给我打电话。 — 내 남자친구는 매일 나에게 전화한다.

你给谁打电话？ — 너는 누구에게 전화 거니?

奶奶给我妹妹买衣服。 — 할머니는 내 여동생에게 옷을 사 주신다.

❹ 有时候…,有时候… — 어떤 때는… 어떤 때는…

有时候在家学习，有时候在图书馆学习。 — 어떤 때는 집에서 공부하고, 어떤 때는 도서관에서 공부한다.

有时候我给他打电话，有时候他给我打电话。 — 어떤 때는 내가 그에게 전화하고, 어떤 때는 걔가 나에게 전화한다.

有时候吃东西，有时候看电视。 — 어떤 때는 뭘 먹고, 어떤 때는 TV를 봐요.

출력하기

다음 문장을 중국어로 쓰세요.

1. 저는 중국어를 공부하고 있어요.

2. 제 아내는 서점에서 책을 보고 있어요.

3. 어떤 때는 라면을 먹고, 어떤 때는 국수를 먹어.

4. 어떤 때는 버스 타고, 어떤 때는 지하철 타요. 당신은요?

5. 독일에 갈 때, 기차를 타도 돼.

6. 선생님은 중국어를 말할 때 너무 멋있어요.

7. 집에 갈 때 우리 밀크티를 마시러 가자.

8. 도서관 갈 때 너는 자전거를 타고 가?

9. 그들은 나에게 책상과 의자를 사 줘요.

10. 우리 외할머니께서 지금 선생님께 전화를 하신다.

회화 완성

회화문을 한어병음으로 완성하세요.

A : 너 지금 뭐 하고 있어?

A :

B : 나는 숙제하는 중이야.

B :

A : 중국어 배우는 것은 재미있어?

A :

B : 아주 재미있어. 근데 한자 쓰는 건 좀 어려워.

B :

A : 쉴 때 너는 뭐 하니?

A :

B : 어떤 때는 물건을 사러 가고, 어떤 때는 운동하러 나가기도 해.

B :

A : 너는 무슨 운동을 좋아해?

A :

B : 난 농구하는 거 좋아해.

B :

A : 너 농구하러 갈 때 나한테 전화해.

A :

B : 그래, 같이 가자.

B :

회화 완성

회화문을 중국어로 완성하세요.

A : 너 지금 뭐 하고 있어?

你_____什么？

B : 나 숙제하는 중이야.

我_____。

A : 중국어 배우는 것은 재미있어?

学汉语_____吗？

B : 아주 재미있어, 근데 한자 쓰는 건 좀 어려워.

_____，但是写汉字_____。

A : 쉴 때 너는 뭐 하니?

_____，你干什么？

B : 어떤 때는 물건을 사러 가고, 어떤 때는 운동하러 나가기도 해.

_____去买东西，_____出去运动。

A : 너는 무슨 운동을 좋아해?

你_____？

B : 난 농구하는 거 좋아해.

我_____。

A : 너 농구하러 갈 때 나한테 전화해.

你去打篮球的时候_____。

B : 그래, 같이 가자.

好的，_____！

7

시간사(1)
차이나라이 LEVEL 2

출력하기

괄호 안에 들어갈 한자를 고르세요.

我在(　　)音乐。
听　｜　看

你在(　　)作业吗？
做　｜　买

妈妈在(　　)衣服。
休息　｜　看

弟弟没在(　　)电脑。
玩儿　｜　坐

他们在(　　)英语。
说　｜　来

我朋友们在(　　)。
旅游　｜　是

爸爸在(　　)。
说　｜　有

你在(　　)什么？
休息　｜　吃

他在(　　)自行车吗？
骑　｜　喝

同学们在(　　)。
学习　｜　冷

단어 배우기

시간사(1)

昨天	zuótiān	어제
明天	míngtiān	내일
前天	qiántiān	그저께
后天	hòutiān	모레
每天	měitiān	매일
早上	zǎoshang	아침
晚上	wǎnshang	저녁
上午	shàngwǔ	오전
中午	zhōngwǔ	정오
下午	xiàwǔ	오후

단어익히기

단어를 써 보면서 충분히 단어를 익히세요.

어제	昨天 zuótiān				
내일	明天 míngtiān				
그저께	前天 qiántiān				
모레	后天 hòutiān				
매일	每天 měitiān				
아침	早上 zǎoshang				
저녁	晚上 wǎnshang				
오전	上午 shàngwǔ				
정오	中午 zhōngwǔ				
오후	下午 xiàwǔ				

출력하기
다음 단어의 한어병음을 채우세요.

그저께	___ ___ ___ n ___ ___ ___ n
어제	___ ___ ó ___ i ___ ___
매일	___ ___ ___ t ___ ___ ___
내일	___ ___ ___ ___ ___ ___ n
모레	___ ___ u ___ ___ ___ ___
아침	___ ___ o ___ ___ ___ n ___
오전	___ ___ ___ n ___ w ___
정오	___ h ___ ___ ___ ___ ___
오후	___ ___ à ___ ___
저녁	___ ___ ___ ___ ___ ___ ___ ___

출력하기
제시된 발음이 들어간 한자를 찾으세요.

x	下午	上午
h	后天	里边
q	前天	左边
z	晚上	早上
sh	上午	昨天
w	中午	旁边
b	对面	上边
e	中午	每天
y	右边	外边
j	今天	明天

문장 만들기
시간사가 들어간 문장

❶ 시간사의 위치

저는 오늘 학원에 갑니다.	저는	오늘	갑니다.	학원에
	我	今天	去	补习班。
친구는 내일 컴퓨터를 삽니다.	친구는	내일	삽니다.	컴퓨터를
	朋友	明天	买	电脑。

❷ 동사가 2개있는 연동문에서 시간사의 위치

저는 매일 학원에 가서 중국어를 배웁니다.

저는	매일	간다	학원에	배운다	중국어를
我	每天	去	补习班	学	汉语。

형은 오후에 식당에 가서 국수를 먹습니다.

형은	오후에	간다	식당에	먹는다	국수를
哥哥	下午	去	饭馆	吃	面条。

그는 내일 버스를 타고 학교에 갑니다.

그는	내일	탄다	버스를	간다	학교에
他	明天	坐	公共汽车	去	学校。

❸ 시간사는 위치가 비교적 자유로워서 문장 맨 앞에 쓸 수 있습니다.

내일 그는 버스를 타고 학교에 갑니다.

내일	그는	탄다	버스를	간다	학교에
明天	他	坐	公共汽车	去	学校。

출력하기

주어진 한어병음을 어순에 맞게 배열하세요.

1. Rìběn / wǒ / qù / míngtiān

2. jīntiān / túshūguǎn / qù / wǒ / xuéxí

3. hē / qiántiān / nǎichá / tā

4. jiějie / shǒujī / hòutiān / mǎi

5. qù / wǒmen / hē / xiàwǔ / kāfēidiàn / chá / míngtiān

6. yīyuàn / zǎoshang / wǒ / jīntiān / qù / mèimei

7. měitiān / Hànzì / lǎoshī / shàngwǔ / xiě

8. wǒ / Běijīng / qiántiān / huǒchē / zhōngwǔ / zuò / qù / Zhōngguó / péngyou / de

9. zài / zuótiān / lǐbiān / wǒ / wǎnshang / jiā

10. wǒ / zuò / zuòyè / měitiān / wǎnshang

출력하기
다음 문장을 중국어로 쓰세요.

1. 그녀는 매일 아침 과일을 먹어요.

2. 우리는 모레 이탈리아, 영국 등등에 갈거야.

3. 선생님은 내일 오전에 베이징에 가셔.

4. 제 남자친구는 오늘 저녁에 일본어 학원에 가요.

5. 오늘 여러분 모두 기쁩니까?

6. 그들은 지금 피자를 먹고 있습니다.

7. 어제가 바로 그녀의 생일이었어요.

8. 나 지금 배불러. 오후에 먹을래.

9. 너희 10월 1일에 와라.

10. 우리 12월 25일에 만나자!

8

我们什么时候一起吃饭?

차이나라이 LEVEL 2

복습하기
6과의 회화문을 중국어로 완성하세요.

A : 너 지금 뭐 하고 있어?

A :

B : 나는 숙제하는 중이야.

B :

A : 중국어 배우는 것은 재미있어?

A :

B : 아주 재미있어. 근데 한자 쓰는 거는 좀 어려워.

B :

A : 쉴 때 너는 뭐 하니?

A :

B : 어떤 때는 물건을 사러 가고, 어떤 때는 운동하러 나가기도 해.

B :

A : 너는 무슨 운동을 좋아해?

A :

B : 난 농구하는 거 좋아해.

B :

A : 너 농구하러 갈 때 나한테 전화해.

A :

B : 그래, 같이 가자.

B :

오늘의 회화
약속하기

▶ **我们什么时候一起吃饭？**

A：你快回国了吧？
　　Nǐ kuài huíguó le ba?

너 곧 귀국하지?

B：对，坐后天晚上的飞机。
　　Duì, zuò hòutiān wǎnshang de fēijī.

응. 모레 저녁 비행기를 타.

A：我们什么时候一起吃饭？
　　Wǒmen shénmeshíhou yìqǐ chī fàn?

우리 언제 같이 밥 먹지?

B：你要请客吗？
　　Nǐ yào qǐngkè ma

네가 쏠 거야?

A：当然，我请客。
　　Dāngrán, wǒ qǐngkè.

당연하지. 내가 쏠게.

B：那么明天下午你有时间吗？
　　Nàme míngtiān xiàwǔ nǐ yǒu shíjiān ma?

그러면 내일 오후에 시간 있어?

A：下午可能不行，晚上怎么样？
　　Xiàwǔ kěnéng bù xíng, wǎnshang zěnmeyàng?

오후는 아마 안 될 것 같고,
저녁은 어때?

B：没问题，明天晚上在银行前边见面！
　　Méi wèntí, míngtiān wǎnshang zài yínháng qiánbiān jiànmiàn!

괜찮아. 그럼 내일 저녁에
은행 앞에서 만나!

A：好的， 明天见！
　　Hǎo de, míngtiān jiàn!

알았어, 내일 봐!

단어 배우기
딱 10단어만 외워요!

快...了	kuài...le	곧~이다 [임박형]
回国	huíguó	귀국하다
什么时候	shénmeshíhou	언제
请客	qǐngkè	한턱내다
当然	dāngrán	당연하다
时间	shíjiān	시간
可能	kěnéng	아마도
不行	bùxíng	안 된다 [불허]
怎么样	zěnmeyàng	어때?
见面	jiànmiàn	만나다

단어 익히기

단어를 써 보면서
충분히 단어를 익히세요.

곧~이다 [임박형]	快…了 kuài…le				
귀국하다	回国 huíguó				
언제	什么时候 shénme shíhou				
한턱내다	请客 qǐngkè				
당연하다	当然 dāngrán				
시간	时间 shíjiān				
아마도	可能 kěnéng				
안 된다 [불허]	不行 bùxíng				
어때?	怎么样 zěnmeyàng				
만나다	见面 jiànmiàn				

출력하기
다음 단어에 맞는 한어병음을 고르세요.

怎么样
jěnmewàng | zěnmeyàng

不行
bùxíng | bùsíng

当然
dāngrán | dàngrán

见面
jiànmiàn | jānmiàn

什么时候
sénme síhou | shénme shíhou

可能
kènnéng | kěnéng

时间
shíjìn | shíjiān

回国
huaíguǒ | huíguó

请客
qǐngkè | chíngkè

那么
nǎme | nàme

출력하기
세 단어의 공통된 발음을 쓰세요. (1개 이상 가능)

休息	下午	写	
听	见面	回国	
怎么样	过来	每年	
请客	可能	快	
留学生	时间	多少	
读	电视	当然	
猫	什么时候	对面	
音乐	有意思	运动	
有时候	汉字	话	
作业	做	早上	

핵심 콕콕! 나라이쌤과 핵심구문을 배워요.

❶ 快...了   곧 ~할/일 것이다 [임박형]

快10月了。	곧 10월이다.
快春节了。	곧 춘절이다.
快四十岁了。	곧 마흔이 됩니다.
快吃饭时间了。	곧 밥 먹을 시간이다.

❷ 什么时候   언제

你什么时候回来？	너는 언제 돌아오니?
他什么时候给你打电话？	그는 언제 당신에게 전화를 합니까?
他们什么时候一起打篮球？	걔네는 언제 같이 농구해?
你们什么时候玩儿电脑？	너희는 언제 컴퓨터를 하니?

❸ 可能   아마도

他可能后天回国。	그는 아마 모레 귀국할 거야.
今天可能没有时间。	오늘 아마 시간이 없을걸.
老师可能是中国人。	선생님은 아마 중국인이실 거야.
他可能不喝。	걔는 아마 안 마실 거야.

출력하기
다음을 문장을 중국어로 쓰세요.

1. 곧 크리스마스야.

2. 곧 수업한다.

3. 너 언제부터 나를 좋아했어?

4. 당신은 언제 귀국해요?

5. 우리 아들은 오늘 저녁에 아마 그의 여자친구를 만날 거예요.

6. 그건 아마 쌀 거예요.

7. 나 내일 오전에 아마 수업이 있을 거야.

8. 아마 그는 김씨일 거예요.

9. 언니가 아마 한턱 쏠 거야.

10. 이 사람 어때?

출력하기
원하는 단어를 선택하여 문장을 만들어 보세요.

见面	怎么样	在	过来	~的时候
什么时候	一点儿	请客	那么	上边
有时候	一起	快…了	可能	干
可以	对	可以	不行	给

❶

❷

❸

❹

❺

❻

❼

❽

회화 완성
회화문을 한어병음으로 완성하세요.

A : 너는 곧 귀국하지?

A :

B : 응. 모레 저녁 비행기를 타려고.

B :

A : 우리 언제 같이 밥 먹지?

A:

B : 네가 쏠 거야?

B :

A : 당연하지. 내가 쏠게.

A :

B : 그러면 내일 오후에 시간 있어?

B :

A : 오후는 아마 안 될 것 같고, 저녁은 어때?

A:

B : 괜찮아. 그럼 내일 저녁 은행 앞에서 만나!

B :

A : 알았어. 내일 봐!

A :

회화 완성
회화문을 중국어로 완성하세요.

A : 너는 곧 귀국하지?

你_____吧？

B : 응. 모레 저녁 비행기를 타려고.

嗯，_____的飞机。

A : 우리 언제 같이 밥 먹지?

我们_____？

B : 네가 쏠 거야?

你要_____吗？

A : 당연하지. 내가 쏠게.

_____，_____。

B : 그러면 내일 오후에 시간 있어?

_____明天下午_____吗？

A : 오후는 아마도 안 될 것 같고, 저녁은 어때?

下午_____，晚上_____？

B : 괜찮아, 그럼 내일 저녁 은행 앞에서 만나!

没问题，_____见面！

A : 알았어. 내일 봐!

好的，_____！

중간 점검

5~8과에서 배운 단어의 한자, 한어병음, 뜻을 쓰세요.

当然	书	篮球	昨天
那么	汉字	晚上	可能
读	打	上午	不行
回国	做	在	休息
时间	作业	有意思	每天
어제	언제	운동	아침
어렵다	그저께	정오	어때?
~할 때	모레	음악	만나다
사다	전화	쓰다	어떤 때는
같이	오후	듣다	한턱 쏘다

9
시간사(2)
차이나라이 LEVEL 2

복습하기

색깔 친 박스에 공통으로 들어갈 한자를 쓰세요.

단어 배우기
시간사 (2)

今年	jīnnián	올해
去年	qùnián	작년
明年	míngnián	내년
前年	qiánnián	재작년
后年	hòunián	내후년
每年	měinián	매년
星期天	xīngqītiān	일요일
周日	zhōurì	일요일
礼拜	lǐbài	주(week)
周末	zhōumò	주말

단어 익히기

단어를 써 보면서 충분히 단어를 익히세요.

올해	今年 jīnnián				
작년	去年 qùnián				
내년	明年 míngnián				
재작년	前年 qiánnián				
내후년	后年 hòunián				
매년	每年 měinián				
일요일	星期天 xīngqītiān				
일요일	周日 zhōurì				
주(week)	礼拜 lǐbài				
주말	周末 zhōumò				

출력하기
주어진 단어에 맞는 한어병음을 고르세요.

일요일
xīngqītiān | xīngqīyī

매년
měinián | měitiān

내년
qùnián | míngnián

주말
zhōumò | lǐbài

내후년
qiánnián | hòunián

작년
qùnián | zuótiān

星期四
lǐbàisān | xīngqīsì

前年
qiánnián | jīnnián

周日
zhōumò | zhōurì

礼拜六
xīngqītiān | lǐbàiliù

출력하기

다음 단어들을 성조에 따라 분류하세요.

昨	周	对	早	前	天
拜	那	后	期	边	礼
午	这	今	什	每	买
时	星	年	休	旁	哪
明	号	晚	末	读	日

1성

2성

3성

4성

문장 만들기
시간과 장소가 들어간 문장

❶ 요일을 나타내는 표현

월요일	화요일	수요일	목요일	금요일	토요일	일요일
星期一	星期二	星期三	星期四	星期五	星期六	星期天
xīngqīyī	xīngqīèr	xīngqīsān	xīngqīsì	xīngqīwǔ	xīngqīliù	xīngqītiān

*** 星期는 주(week)를 나타내는 표현으로 '周(zhōu)' '礼拜(lǐbài)'로 바꾸어 사용될 수 있다.

❷ 개사 在 : '~에서' [在+장소+동사]

저는 집에서 TV를 봅니다.	저는	~에서	집	봅니다	TV를
	我	在	家	看	电视
그는 상점에서 물건을 삽니다.	그는	~에서	상점	삽니다	물건을
	他	在	商店	买	东西

❸ 시간과 장소가 함께 쓰이는 경우 [시간 + 在 + 장소 + 동작]

형은 주말에 학원에서 컴퓨터를 배웁니다.

형은	주말에	~에서	학원	배웁니다	컴퓨터를
哥哥	周末	在	补习班	学	电脑

선생님께서는 작년에 중국에서 수업을 하셨습니다.

선생님은	작년에	~에서	중국	하셨습니다	수업을
老师	去年	在	中国	上	课

❹ 시간사는 위치가 비교적 자유로워서 문장 맨 앞에 쓸 수 있습니다.

일요일에 저는 극장에서 영화를 봅니다.

일요일에	저는	~에서	극장	봅니다	영화를
星期天	我	在	电影院	看	电影

출력하기
다음 문장을 한어병음으로 쓰세요.

1. 너 집에서 뭐 하니?

2. 너 어젯밤에 집에서 뭐 했어?

3. 너희 오후에 어디에서 농구해?

4. 그는 지금 밖에서 놀고 있다.

5. 우리 3월 7일 금요일에 만나자.

6. 우리 일요일 정오에 도서관 앞에서 만나자.

7. 우리 언니는 내년에 미국에서 유학하려고 한다.

8. 너 주말에 뭐 할 거야?

9. 그녀는 요즘 커피숍에서 공부해.

10. 우리 기숙사에 돌아갈 때 가게에서 콜라를 사자!

출력하기
다음 문장을 중국어로 쓰세요.

1. 우리 가족은 일요일에 밖에서 저녁을 먹는다.

2. 우리는 작년 1월 1일에 이탈리아에서 알게 되었다.

3. 그녀는 주말에 기숙사 안에서 운동한다.

4. 우리는 월요일에 친구네 집에서 컴퓨터 할 거야.

5. 너 언제 독일에 가서 독일어를 배울 거야?

6. 오빠는 언제 집에 오지?

7. 나는 매년 8월에 한국에 돌아온다.

8. 성탄절에 우리 같이 천안문에 가자!

9. 나는 그의 생일에 옷을 사 줄 거야.

10. 나는 공부할 때 음악을 안 듣는다.

10
我打算去青岛旅游。
차이나라이 LEVEL 2

복습하기
8과의 회화문을 중국어로 완성하세요.

A : 너는 곧 귀국하지?

A :

B : 응. 모레 저녁 비행기를 타려고.

B :

A : 우리 언제 같이 밥 먹지?

A:

B : 네가 쏠 거야?

B :

A : 당연하지. 내가 쏠게.

A :

B : 그러면 내일 오후에 시간 있어?

B :

A : 오후는 아마 안 될 것 같고, 저녁은 어때?

A:

B : 괜찮아. 그럼 내일 저녁 은행 앞에서 만나!

B :

A : 알았어. 내일 봐!

오늘의 회화
계획 말하기

▶ **我打算去青岛旅游。**

A: 今年的春节几月几号？
　　Jīnnián de Chūnjié jǐ yuè jǐ hào?

올해 춘절이 몇 월 며칠이지?

B: 2月14号星期四。
　　Èr yuè shísì hào xīngqīsì

2월 14일 목요일.

A: 那我们能休息几天？
　　Nà wǒmen néng xiūxi jǐ tiān?

그럼 우리 며칠 쉴 수 있지?

B: 从星期三到星期天，一共5天。
　　Cóng xīngqīsān dào xīngqītiān,
　　yígòng wǔ tiān.

수요일부터 일요일까지, 총 5일.

A: 你有什么计划吗？
　　Nǐ yǒu shénme jìhuà ma?

너는 무슨 계획 있어?

B: 我打算去青岛旅游。
　　Wǒ dǎsuàn qù Qīngdǎo lǚyóu.

나는 청도에 여행을 갈 생각이야.

A: 真的？几号出发？
　　Zhēn de? Jǐ hào chūfā?

진짜? 며칠에 출발해?

B: 我打算13号晚上出发，
　　周末回来。
　　Wǒ dǎsuàn shísān hào wǎnshang
　　chūfā, zhōumò huílai.

13일 저녁에 출발해서
주말에 돌아올 계획이야.

A: 好羡慕你。
　　Hǎo xiànmù nǐ.

네가 정말 부럽다.

단어 배우기
딱 10단어만 외워요!

能	néng	~할 수 있다
一共	yígòng	총, 모두 합쳐서
天	tiān	일 [하루하루를 셈]
计划	jìhuà	계획
打算	dǎsuàn	~할 작정/계획이다
真的	zhēnde	진짜, 정말로
出发	chūfā	출발하다
好	hǎo	매우
回来	huílai	돌아오다
羡慕	xiànmù	부러워하다

단어 익히기
단어를 써 보면서 충분히 단어를 익히세요.

~할 수 있다	能 néng				
총, 모두 합쳐	一共 yígòng				
일 [날짜를 셈]	天 tiān				
계획	计划 jìhuà				
~할 작정/계획이다	打算 dǎsuàn				
진짜, 정말로	真的 zhēnde				
출발하다	出发 chūfā				
매우	好 hǎo				
돌아오다	回来 huílai				
부러워하다	羡慕 xiànmù				

출력하기

제시된 발음이 들어간 한자를 찾으세요.

d	出发	打算
g	见面	一共
m	羡慕	时间
ch	当然	好吃
k	请客	篮球
i	好看	回来
u	块	能
j	计划	便宜
zh	真的	漂亮
y	可能	可以

출력하기
중국어로 소리 내어 말해 보세요.

총, 모두 합쳐서	일 [하루하루를 셈]	부러워하다	출발하다
진짜, 정말로	~할 수 있다	~할 작정 /계획이다	계획
부러워하다	총, 모두 합쳐서	진짜, 정말로	~할 수 있다
계획	출발하다	돌아오다	매우

위의 단어를 한자로 써 보세요.

핵심 콕콕! 나라이쌤과 핵심구문을 배워요.

❶ 能 + 동사 — ~할 수 있다

明年我们能见面。 — 내년에 우리 만날 수 있다.

他能坐飞机吗？ — 걔 비행기를 탈 수 있어?

你能不能来看我？ — 너는 나를 보러 올 수 있어?

❷ 打算 + 동사 — ~할 작정/계획/생각이다

我打算明年去美国留学。 — 나는 내년에 미국에 유학 갈 계획이야.

你打算什么时候回国？ — 당신은 언제 귀국할 계획이세요?

我打算明天骑自行车去上课。 — 나는 내일 자전거타고 수업 갈 생각이야.

❸ 天 — 일 [하루하루 날짜를 셈]

春节我们休息五天。 — 춘절에 우리는 5일을 쉰다.

你打算住几天？ — 당신은 며칠을 머물 계획입니까?

两天一夜。 — 1박 2일.

❹ 好 + 형용사 (+啊) — 정말/매우 ~하다 [감탄문]

好多！ — 정말 많다!

好好吃！ — 정말 맛있다!

好热啊！ — 정말 덥다!

출력하기
다음을 문장을 중국어로 쓰세요.

1. 너 지금 올 수 있어?

2. 나는 샹차이 먹을 수 있어, 너는? (* 香菜 xiāngcài 고수, 샹차이)

3. 총 얼마예요?

4. 나도 하루 쉬고 싶다.

5. 사랑해, 진짜야.

6. 너는 계획이 있어 없어?

7. 나는 내년 2월에 여행 갈 생각이다.

8. 우리 내일 아침에 출발하자.

9. 정말 잘 생겼다!!

10. 나는 그녀가 부러워.

출력하기

주어진 단어를 어순에 맞게 배열하세요.

1. 见面 / 明天 / 我们 / 吗 / 能

2. 你 / 吗 / 这里 / 来 / 后天上午 / 能

3. 从 / 四天 / 到 / 星期二 / 我们公司 / 休息 / 星期五

4. 学了 / 三天 / 我

5. 什么时候 / 你 / 回来 / 打算

6. 去 / 哪儿 / 你 / 打算

7. 出发 / 你 / 打算 / 几号

8. 真的 / 好 / 的 / 很 / 计划 / 你

9. 好 / 啊 / 漂亮

10. 累 / 啊 / 好

회화 완성

회화문을 한어병음으로 완성하세요.

A : 올해 춘절이 몇 월 며칠이지?

A :

B : 2월 14일 목요일.

B :

A : 그럼 우리 며칠 쉴 수 있지?

A :

B : 수요일부터 일요일까지, 총 5일.

B :

A : 너는 무슨 계획 있어?

A :

B : 나는 청도에 여행을 갈 생각이야.

B :

A : 진짜? 며칠에 출발해?

A :

B : 13일 저녁에 출발해서 주말에 돌아올 계획이야.

B :

A : 네가 정말 부럽다.

A :

> 회화 완성

회화문을 중국어로 완성하세요.

A : 올해 춘절이 몇 월 며칠이지?

今年的春节_____？

B : 2월 14일 목요일.

_____。

A : 그럼 우리 며칠 쉴 수 있지?

那我们_____？

B : 수요일부터 일요일까지, 총 5일.

_____星期三_____星期天，_____。

A : 너는 무슨 계획 있어?

你_____吗？

B : 나는 청도에 여행을 갈 생각이야.

我_____旅游。

A : 진짜? 며칠에 출발해?

_____？_____？

B : 13일 저녁에 출발해서 주말에 돌아올 계획이야.

_____13号晚上出发，_____。

A : 네가 정말 부럽다.

_____你。

11
동작을 나타낸다 - 동사
차이나라이 LEVEL 2

출력하기

괄호 안에 들어갈 한자를 찾고, 그 뜻을 쓰세요.

休( ): _____
| 习 | 息 | 西 |

音( ): _____
| 乐 | 月 | 服 |

( )机: _____
| 足 | 手 | 衣 |

昨( ): _____
| 年 | 月 | 天 |

旅( ): _____
| 有 | 友 | 游 |

周( ): _____
| 末 | 欢 | 号 |

( )课: _____
| 中 | 班 | 上 |

단어 배우기

동작을 나타내는 단어

起床	qǐchuáng	일어나다, 기상하다
穿	chuān	(옷, 신발을) 입다/신다
开始	kāishǐ	시작하다
工作	gōngzuò	일(하다)
准备	zhǔnbèi	준비하다
下课	xiàkè	수업이 끝나다
下班	xiàbān	퇴근하다
跑步	pǎobù	조깅하다
洗澡	xǐzǎo	샤워하다
睡觉	shuìjiào	잠자다

단어 익히기

단어를 써 보면서
충분히 단어를 익히세요.

일어나다, 기상하다	起床 qǐchuáng				
입다/신다	穿 chuān				
시작하다	开始 kāishǐ				
일(하다)	工作 gōngzuò				
준비하다	准备 zhǔnbèi				
수업이 끝나다	下课 xiàkè				
퇴근하다	下班 xiàbān				
조깅하다	跑步 pǎobù				
샤워하다	洗澡 xǐzǎo				
잠자다	睡觉 shuìjiào				

출력하기
다음 단어의 한어병음을 찾아보세요.

w	f	s	q	u	i	s	g	e	s
t	y	x	i	a	k	e	w	d	h
r	u	p	c	h	u	a	n	c	u
e	i	o	h	z	x	c	b	g	i
w	z	h	u	n	b	e	i	h	j
s	x	i	a	b	a	n	l	k	i
a	i	z	n	x	c	b	m	j	a
t	z	q	g	o	n	g	z	u	o
p	a	o	b	u	i	u	y	h	t
y	o	u	z	k	a	i	s	h	i

❶ 수업이 끝나다   ❷ 잠자다

❸ 샤워하다   ❹ 조깅하다

❺ 일어나다   ❻ (옷을) 입다

❼ 일하다   ❽ 시작하다

❾ 퇴근하다   ❿ 준비하다

출력하기
사전적 설명에 해당하는 단어를 중국어로 쓰세요.

무엇을 이루거나 적절한 대가를 받기 위하여
어떤 장소에서 일정한 시간 동안 몸을
움직이거나 머리를 쓰다.

잠에서 깨어나다.

옷을 몸에 꿰거나 두르다.

일터에서 근무를 마치고 돌아가거나 돌아오다.

소나기처럼 뿜어 내리는 물로 몸을 씻다.

미리 마련하여 갖추다.

건강을 유지하기 위해 자기 몸에 알맞은
속도로 천천히 달리다.

교사가 학생에게 지식이나 기능을
가르쳐주는 활동이 끝나다.

생리적인 요구에 따라 눈이 감기면서 한동안
의식 활동이 쉬는 상태가 되다.

어떤 일이나 행동의 처음 단계를 이루거나
그렇게 하게 하다.

문장 만들기
시각을 나타내는 표현

❶ ○○시 ○○분 = ○○ 点(diǎn) ○○ 分(fēn)

기본적으로 한국어와 시각을 말하는 방법이 같습니다.

1시	2시	3시	4시	5시	6시
一点	两点	三点	四点	五点	六点
7시	8시	9시	10시	11시	12시
七点	八点	九点	十点	十一点	十二点

*** '분'은 한국어와 완전히 똑같습니다. 30분이 '반(半 bàn)'으로도 쓰이는 것도 동일합니다. 그러나 15분 단위의 개념(刻 kè = 4분의 1)이 있는 것에 주의하세요.

5분	10분	15분	20분	25분	30분
五分	十分	十五分 一刻	二十分	二十五分	三十分 半
35분	40분	45분	50분	55분	정각
三十五分	四十分	四十五分 三刻	五十分	五十五分	整

❷ 시각을 나타내는 표현도 시간사가 위치했던 자리와 동일합니다

저는 7시에 일어납니다.	저는	7시에	일어납니다.
	我	7点	起床。
저는 저녁 6시에 퇴근합니다.	저는	저녁 6시에	퇴근합니다.
	我	晚上6点	下班。
우리는 몇 시 몇 분에 수업이 끝납니까?	우리는	몇 시 몇 분에	수업이 끝납니까?
	我们	几点几分	下课？

출력하기
다음 시간을 소리 내어 읽고 중국어로 써 보세요.

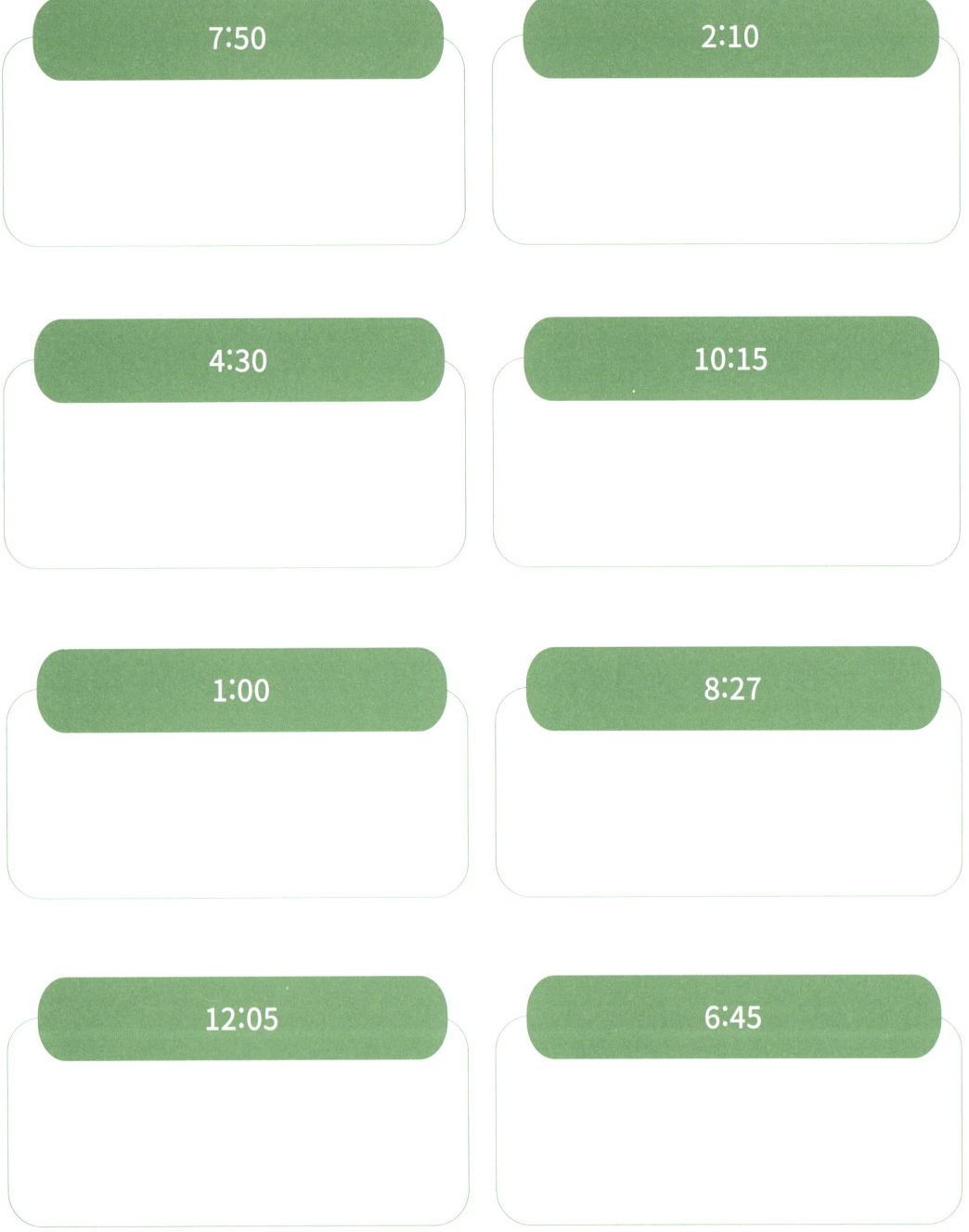

출력하기
다음 문장을 중국어로 쓰세요.

1. 저는 아침 7시 15분에 옷을 입고 출근할 준비를 합니다.

2. 우리 회사는 오후 12시 반에 점심을 먹습니다.

3. 우리 학교는 4시 45분에 수업이 끝납니다.

4. 언니는 저녁 5시 정각에 퇴근해.

5. 집으로 돌아올 때 우리는 조깅을 해요.

6. 내일 10시부터 준비를 시작하자!

7. 샤오리우(小刘 xiǎoLiú)는 자고 있고, 형은 샤워하고 있어요.

8. 그는 9시부터 회사에서 일을 한다.

9. 너는 몇 시에 일어날거야?

10. 너 11시 15분까지 와.

출력하기
당신의 일과를 중국어로 써 보세요.

12
你早上几点起床？

차이나라이 LEVEL 2

복습하기
10과의 회화문을 중국어로 완성하세요.

A : 올해 춘절이 몇 월 며칠이지?

A :

B : 2월 14일 목요일.

B :

A : 그럼 우리 며칠 쉴 수 있지?

A :

B : 수요일부터 일요일까지, 총 5일.

B :

A : 너는 무슨 계획 있어?

A :

B : 나는 청도에 여행을 갈 생각이야.

B :

A : 진짜? 며칠에 출발해?

A :

B : 13일 저녁에 출발해서 주말에 돌아올 계획이야.

B :

A : 네가 정말 부럽다.

A :

오늘의 회화
하루일과 말하기

▶ **你早上几点起床？**

A: 金先生，您早上几点起床？
Jīn xiānsheng, nín zǎoshang jǐ diǎn qǐchuáng?

김 선생님, 아침에 몇 시에 일어나세요?

B: 我每天4点半起床。
Wǒ měitiān sì diǎn bàn qǐchuáng.

전 매일 4시 반에 일어납니다.

A: 那么早！您吃早餐吗？
Nàme zǎo! Nín chī zǎocān ma?

그렇게 일찍이요?
아침식사를 하세요?

B: 我一般不吃早餐。
Wǒ yìbān bù chī zǎocān.

전 보통 아침을 안 먹습니다.

A: 您每天从几点到几点工作？
Nín měitiān cóng jǐ diǎn dào jǐ diǎn gōngzuò?

매일 몇 시부터 몇 시까지 일을 하시나요?

B: 上午9点到晚上6点工作。
Shàngwǔ jiǔ diǎn dào wǎnshǎng liù diǎn gōngzuò.

오전 9시부터 저녁 6시까지 일합니다.

A: 下班之后你干什么？
Xiàbān zhīhòu nǐ gàn shénme?

퇴근 후에는 무엇을 하시나요?

B: 下班之后我去学画画儿。
Xiàbān zhīhòu wǒ qù xué huàhuār.

퇴근 후에는 그림 그리는 것을 배우러 갑니다.

A: 哇! 你很认真。
Wā! Nǐ hěn rènzhēn.

와! 정말 열심이시네요.

단어 배우기
딱 10단어만 외워요!

金	Jīn	김 [성씨]
先生	xiānsheng	선생 [상대 남자를 높여 부르는 호칭]
那么	nàme	그렇게, 저렇게
早	zǎo	(시간적으로) 이르다
早餐	zǎocān	아침식사
一般	yìbān	보통, 일반적으로
画画儿	huà huàr	그림을 그리다
~之后	zhī hòu	~한 후에
哇	wā	와! [감탄사]
认真	rènzhēn	열심이다, 성실하다

단어 익히기

단어를 써 보면서 충분히 단어를 익히세요.

김 [성씨]	金 Jīn				
선생 [남자 높임호칭]	先生 xiānsheng				
그렇게, 저렇게	那么 nàme				
(시간적으로) 이르다	早 zǎo				
아침식사	早餐 zǎocān				
보통, 일반적으로	一般 yìbān				
그림을 그리다	画画儿 huà huàr				
~한 후에	~之后 zhī hòu				
와! [감탄사]	哇 wā				
열심이다, 성실하다	认真 rènzhēn				

출력하기
주어진 단어에 맞는 짝을 고르세요.

一般			认真	
yìbān	zhī hòu		rènzhēn	huà huār

先生			那么	
lǎoshī	xiānsheng		zhōumò	nàme

早餐			画画儿	
zǎocān	hòunián		qùnián	huà huār

와! [감탄사]			(시간적으로) 이르다	
哇	呢		早	金

~한 후에			보통, 일반적으로	
之后	现在		一般	最近

출력하기
다음 문장을 중국어로 쓰세요.

1. 상하이는 보통 이렇게 더워요?

2. 너 매일 그렇게 바빠?

3. 시간이 이르다.

4. 내일 우리 좀 일찍 출발하자!

5. 중국인은 보통 밖에서 아침을 먹어요.

6. 그녀는 대단히 성실합니다.

7. 김 선생님 계신가요?

8. 저희 외할머니는 그림 그리는 것을 좋아해요.

9. 와! 너희 외할아버지 대단하시다!

10. 한국에는 많은 김씨 성을 가진 사람이 있어요.

핵심 콕콕! 나라이쌤과 핵심구문을 배워요.

❶ 这么(这样)/那么(那样) — 이렇게/그렇게

你女儿这么可爱呀！	네 딸 이렇게 귀엽구나!
好的，就这样。	알았어. 이렇게 하는 걸로 하자.
你那么喜欢他呀？	너 걔가 그렇게 좋아?
我喜欢那么认真的学生。	나는 저렇게 성실한 학생이 좋다.

❷ (在)…之前 — ~하기 전에

吃饭之前你要洗手。	밥 먹기 전에 너는 손을 씻어야 한다.
我要在睡觉之前洗澡。	나는 자기 전에 샤워할 거야.
上课之前我们吃点东西吧！	수업 전에 우리 뭐 좀 먹자!

❸ (在)…之后 — ~한 후에

你在吃饭之后给我打电话。	너 밥 먹은 후에 나한테 전화해.
学习之后我去运动。	공부한 후에 나는 운동하러 간다.
我一般在下班之后回家休息。	나는 보통 퇴근한 후에 집에 가서 쉰다.

출력하기
다음 질문에 답해 보세요.

你星期天休息的时候干什么？	
你一般几点吃早餐？	
你星期几上汉语课？	
回家之后做什么？	
你在吃晚饭之后干什么？	
你在学汉语之前学什么语言？ (* 语言 yǔyán 언어)	
你每天在睡觉之前洗澡吗？	
宋仲基(Sòngzhòngjī)很帅。 韩国男的都这么帅吗？	

회화 완성

회화문을 한어병음으로 완성하세요.

A : 김 선생님, 아침에 몇 시에 일어나세요?

B : 전 아침 4시 반에 일어납니다.

A : 그렇게 일찍이요? 아침식사를 하세요?

B : 전 보통 아침을 안 먹습니다.

A : 매일 몇 시부터 몇 시까지 일을 하시나요?

B : 오전 9시부터 저녁 6시까지 일합니다.

A : 퇴근 후에는 무엇을 하시나요?

B : 퇴근 후에는 그림 그리는 것을 배우러 갑니다.

A : 와! 정말 열심이시네요.

회화 완성

회화문을 중국어로 완성하세요.

A : 김 선생님, 아침에 몇 시에 일어나세요?

　　金先生，您_____起床？

B : 전 아침 4시 반에 일어납니다.

　　我_____起床。

A : 그렇게 일찍이요? 아침식사를 하세요?

　　_____！您吃早餐吗？

B : 전 보통 아침을 안 먹습니다.

　　我_____早餐。

A : 매일 몇 시부터 몇 시까지 일을 하시나요?

　　您_____工作？

B : 오전 9시부터 저녁 6시까지 일합니다.

　　_____工作。

A : 퇴근 후에는 무엇을 하시나요?

　　_____什么？

B : 퇴근 후에는 그림 그리는 것을 배우러 갑니다.

　　下班之后_____。

A : 와! 정말 열심이시네요.

　　哇！_____。

중간 점검

9~12과에서 배운 단어의 한자, 한어병음, 뜻을 쓰세요.

开始	这么	去年	一共
睡觉	今年	能	前年
星期天	后年	计划	之后
礼拜	周日	好	回来
准备	早餐	起床	金
출발하다	퇴근하다	내년	일, 하루
성실하다	진짜로, 정말로	일하다	이르다
주말	부러워하다	샤워하다	와!
매년	~할 계획이다	수업이 끝나다	보통, 일반적으로
입다	선생님(Mr.)	그 후에	조깅하다

13
반의 형용사
차이나라이 LEVEL 2

복습하기

다음 스케쥴표를 보고 질문에 답하세요.

	월	화	수	목	금	토	일
오전 7시	아침식사	아침식사	아침식사	아침식사	아침식사	기상	집에서 휴식
오전 9시	출근	출근	출근	출근	출근		
오후 1시	점심식사	점심식사	점심식사	점심식사	점심식사		
오후 5시	퇴근	퇴근	퇴근	퇴근	퇴근	TV 시청	
저녁 7시		조깅	영화보기		조깅		
저녁 9시	중국어 학원	영어공부		중국어 학원	영어공부	취침	

❶ 星期一早上几点吃早饭？

❷ 星期几几点看电影？

❸ 什么时候学英语？

❹ 星期天做什么？

❺ 每天几点吃午饭？

❻ 星期几去汉语补习班？

❼ 星期几跑步？

❽ 每天上午几点上班？

❾ 星期六从5点到7点做什么？

❿ 星期六几点起床几点睡觉？

단어 배우기
반의 형용사

大	dà	크다
小	xiǎo	작다
高	gāo	키가 크다/높다
矮	ǎi	키가 작다/낮다
快	kuài	빠르다
慢	màn	느리다
远	yuǎn	멀다
近	jìn	가깝다
多	duō	많다
少	shǎo	적다

단어 익히기
단어를 써 보면서 충분히 단어를 익히세요.

크다	大 dà				
작다	小 xiǎo				
키가 크다 /높다	高 gāo				
키가 작다 /낮다	矮 ǎi				
빠르다	快 kuài				
느리다	慢 màn				
멀다	远 yuǎn				
가깝다	近 jìn				
많다	多 duō				
적다	少 shǎo				

출력하기
중국어로 소리 내어 말해 보세요.

小	近	多	快
矮	大	高	忙
멀다	키가 크다	크다	느리다
작다	덥다	춥다	적다

위의 단어를 한어병음으로 써 보세요.

출력하기
한어병음을 쓰고 반의어끼리 연결하세요.

大		· ·	少	
快		· ·	冷	
远		· ·	小	
多		· ·	近	
高		· ·	慢	
晚		· ·	便宜	
热		· ·	早	
贵		· ·	矮	

문장 만들기
느낌의 정도를 나타내는 문장

느낌의 정도가 어느 정도 심한지를 나타내주는 정도부사			
아주 그렇다고 느낌	最	zuì	최고로, 가장
	真	zhēn	정말로, 진짜로
대단히 그렇다고 느낌	挺~的	tǐng … de	매우
	太~(了)	tài … (le)	아주, 너무
	特別	tèbié	매우, 정말
	非常	fēicháng	정말, 대단히
그렇다고 느낌	很	hěn	(매우)
경미함	比较	bǐjiào	꽤, 비교적
	有点儿	yǒudiǎnr	약간, 조금
그렇다고 느끼지 않음	不太	bútài	그다지, 별로~않다
	不	bù	아니다

*** 형용사는 상대적인 자신의 느낌을 말해주는 단어들이기 때문에 그 정도가 어느 정도인지 항상 말해주는 경향이 있습니다.

	난	너무	더워
난 너무 더워.	我	太	热
난 (매우) 덥다.	난	(매우)	덥다.
	我	很	热
난 별로 안 더운데.	난	별로 안	더운데.
	我	不太	热

출력하기
한국어에 맞게 한자와 한어병음으로 채우세요.

❶ 내 여자친구는 키가 크다.

我	女朋友	个子	很	。
wǒ		gèzi		

❷ 내 남자친구는 별로 안 잘생겼어.

我	男朋友			。
	nánpéngyou			

❸ 그는 요즘 너무 바빠요.

他	最近			了。
tā		tài		le

❹ 여기 음식 진짜 맛있어.

这里	的	菜		。
			zhēn	hǎochī

❺ 제가 어제 산 옷이 약간 큽니다.

我		买	衣服		大。
wǒ					dà

❻ 중국에는 사람이 굉장히 많다, 베이징이 제일 많다.

在	中国,	人		多,		多。
	Zhōngguó,			duō		duō

❼ 지금 한국은 꽤 추워.

			冷。
xiànzài			

출력하기
다음 문장을 중국어로 쓰세요.

1. 내 여자친구는 키가 작다.

2. 내 친구는 정말 예뻐.

3. 그는 요즘 너무 피곤해.

4. 여기 음식 진짜 맛없어.

5. 제가 어제 산 옷이 약간 작아요.

6. 저기가 사람이 적어, 우리 저기로 가자.

7. 지금 여기는 꽤 덥다.

8. 병원은 우리 집에서 가까워.　(* 离 lí ~로 부터 [거리의 기점])

9. 지하철 타면 빨라.

10. 쟤는 걸음이 느려.　(* 走路 zǒu lù 길을 걷다/걸음)

14

房间很大吗?

차이나라이 LEVEL 2

복습하기
12과의 회화문을 중국어로 완성하세요.

A : 김 선생님, 아침에 몇 시에 일어나세요?

B : 전 아침 4시 반에 일어납니다.

A : 그렇게 일찍이요? 아침식사를 하세요?

B : 전 보통 아침을 안 먹습니다.

A : 매일 몇 시부터 몇 시까지 일을 하시나요?

B : 오전 9시부터 저녁 6시까지 일합니다.

A : 퇴근 후에는 무엇을 하시나요?

B : 퇴근 후에는 그림 그리는 것을 배우러 갑니다.

A : 와! 정말 열심이시네요.

오늘의 회화
사는 곳 말하기

▶ 房间很大吗？

A : 你住在哪儿？
　　Nǐ zhù zài nǎr?

너 어디 살아?

B : 我住在留学生宿舍。
　　Wǒ zhù zài liúxuéshēng sùshè.

나 유학생 기숙사에 살아.

A : 宿舍怎么样？房间很大吗？
　　Sùshè zěnmeyàng?
　　Fángjiān hěn dà ma?

기숙사는 어때? 방 커?

B : 不大也不小。挺好的。
　　Bú dà yě bù xiǎo. Tǐng hǎo de.

크지도 작지도 않아.
아주 괜찮아.

A : 房间里有洗手间吗？
　　Fángjiān li yǒu xǐshǒujiān ma?

방 안에 화장실 있어?

B : 有，但是自己要打扫。很麻烦。
　　Yǒu, dànshì zìjǐ yào dǎsǎo, hěn máfan.

있어. 근데 자기가 직접
청소해야 돼. 귀찮아.

A : 我也想去看看。离这儿远吗？
　　Wǒ yě xiǎng qù kàn kan.
　　Lí zhèr yuǎn ma?

나도 가 보고 싶다.
여기서 멀어?

B : 不太远。
　　Bú tài yuǎn.

별로 안 멀어.

단어 배우기

딱 10단어만 외워요!

住	zhù	살다, 거주하다
房间	fángjiān	방
挺...的	tǐng...de	매우~하다
洗手间	xǐshǒujiān	화장실
自己	zìjǐ	자기/직접, 스스로
要	yào	~해야 한다
打扫	dǎsǎo	청소하다
麻烦	máfan	귀찮다, 번거롭다
离	lí	~로 부터 [거리상의 원근]
首尔	Shǒu'ěr	서울

단어 익히기

단어를 써 보면서 충분히 단어를 익히세요.

살다, 거주하다	住 zhù				
방	房间 fángjiān				
매우~하다	挺...的 tǐng...de				
화장실	洗手间 xǐshǒujiān				
자기/ 직접, 스스로	自己 zìjǐ				
~해야 한다	要 yào				
청소하다	打扫 dǎsǎo				
귀찮다, 번거롭다	麻烦 máfan				
~로 부터 [거리상의 원근]	离 lí				
서울	首尔 Shǒu'ěr				

출력하기

다음 단어들을 성조에 따라 분류하세요.

离	开	尔	节	打	万
毛	住	真	房	间	洗
麻	然	自	千	般	跑
己	春	首	难	认	步
备	挺	但	穿	扫	银

1성

2성

3성

4성

출력하기

다음 문장을
중국어로 쓰세요.

1. 房间 / 有 / 的 / 你 / 吗 / 自己 / ?

2. 上海 / 我 / 住 / 都 / 在 / 家人 / 。

3. 想 / 我 / 去 / 洗手间 / 。

4. 远 / 你 / 吗 / 的 / 公司 / 家 / 很 / 离 / ?

5. 麻烦 / 每天 / 打扫 / 房间 / 很 / 。

6. 在 / 洗手间 / 哪儿 / ?

7. 妹妹 / 不 / 打扫 / 我 / 喜欢 / 真 / 。

8. 首尔 / 打算 / 去 / 我 / 明年 / 。

9. 挺 / 电影 / 的 / 这 / 个 / 有意思 / 。

10. 的 / 他们 / 挺 / 学校 / 大 / 。

핵심 콕콕! 나라이쌤과 핵심구문을 배워요.

❶ 要 　　　　　　　　　　　　　~해야 한다

我要去医院。　　　　　　　　　　나는 병원에 가야 한다.

我们明天要5点起床。　　　　　　우리는 내일 5시에 일어나야 해.

我快去中国了，要学汉语。　　　　저는 곧 중국에 가서,
　　　　　　　　　　　　　　　　중국어를 배워야 돼요.

❷ 不… 也不… 　　　　　　　　　~하지도 않고 ~하지도 않다

不冷也不热。　　　　　　　　　　춥지도 않고 덥지도 않다.

不高也不矮。　　　　　　　　　　키가 크지도 않고 작지도 않다.

不大也不小。　　　　　　　　　　(크기가) 크지도 작지도 않다.

❸ 离 + 장소 　　　　　　　　　 ~로부터 [거리상의 기점]

我家离奶奶家很远。　　　　　　　우리 집은 할머니 댁에서 멀다.

商店离这儿不远。　　　　　　　　상점은 여기에서 멀지 않다.

他家离我家非常近。　　　　　　　그의 집은 우리 집에서 매우 가깝다.

출력하기
다음 문장을 중국어로 쓰세요.

1. 나 수업 가야 돼.

2. 너 빨리 집에 가야 돼.

3. 은행은 극장에서 약간 멀어요.

4. 나한테서 좀 멀어져라.

5. 이 컵은 싸지도 비싸지도 않아.

6. 내 여자친구는 키가 크지도 작지도 않아.

7. 시간이 이르지도 늦지도 않아.

8. 오늘 날씨가 별로 안 좋다.

9. 비행기는 정말 빨라.

10. 한국 음악은 (듣기) 참 좋아.

회화 완성
회화문을 한어병음으로 완성하세요.

A : 너 어디 살아?

B : 나 유학생 기숙사에 살아.

A : 기숙사는 어때? 방 커?

B : 크지도 작지도 않아. 아주 괜찮아.

A : 방 안에 화장실이 있어?

B : 있어. 근데 자기가 직접 청소해야 돼. 아주 귀찮아.

A : 나도 가 보고 싶다. 여기서 멀어?

B : 별로 안 멀어.

회화 완성

회화문을 중국어로 완성하세요.

A : 너 어디 살아?

你_____?

B : 나 유학생 기숙사에 살아.

我_____留学生宿舍。

A : 기숙사는 어때? 방 커?

宿舍_____? _____吗?

B : 크지도 작지도 않아. 아주 괜찮아.

_____也_____。挺好的。

A : 방 안에 화장실이 있어?

房间里_____吗?

B : 있어. 근데 자기가 직접 청소해야 돼. 아주 귀찮아.

有。_____, 很_____。

A : 나도 가 보고 싶다. 여기서 멀어?

我也_____。_____远吗?

B : 별로 안 멀어.

_____。

15
양을 세는 단위 - 양사

차이나라이 LEVEL 2

출력하기
다음 의미에 맞는 단어를 중국어로 쓰세요.

가로

1. 밥 하다   2. 일하다   3. 물건을 사다   6. 어때?   7. 어떤 때는
8. ~할 계획이다   9. 말을 하다   10. 아마도   11. 월요일
13. 일어나다, 기상하다   14. 출발하다   15. 자전거   17. 한자

세로

1. 숙제하다   4. 수박   5. 언제   8. 전화하다   10. ~해도 된다
12. 같이, 함께   14. 택시   16. 이름   17. 중국어

단어 배우기
사물을 세는 단위 (양사)

个	ge	명 [사람을 셈] 개 [물건을 셈]
位	wèi	분 [상대를 높여 셈]
本	běn	권 [책을 셈]
杯	bēi	잔 [컵,잔을 셈]
件	jiàn	벌 [옷을 셈] 건 [일을 셈]
张	zhāng	장 [종이나 넓고 평평한 것을 셈]
块	kuài	위안 [돈을 셈 - 구어] 덩어리 [덩어리로 된 물건을 셈]
只	zhī	마리 [동물을 셈]
台	tái	대 [가전제품을 셈]
些	xiē	약간 [복수를 나타냄]

단어 익히기

단어를 써 보면서 충분히 단어를 익히세요.

명 / 개	个 ge				
분	位 wèi				
권	本 běn				
잔	杯 bēi				
벌 / 건	件 jiàn				
장	张 zhāng				
위안 / 덩어리	块 kuài				
마리	只 zhī				
대	台 tái				
약간	些 xiē				

출력하기
다음 단어에 맞는 중국어를 고르세요.

권 [책을 셈]
杯	本

장 [종이나 넓고 평평한 것을 셈]
块	张

명 [사람을 셈] / 개 [물건을 셈]
个	只

약간 [복수를 나타냄]
台	些

분 [상대를 높여 셈]
块	位

잔 [컵, 잔을 셈]
杯	件

벌 [옷을 셈] / 건 [일을 셈]
jiàn	ge

마리 [동물을 셈]
zhī	wèi

대 [가전제품을 셈]
tái	běn

위안 [돈을 셈] / 덩어리
kuài	xiē

문장 만들기

사람이나 사물을 세는 단위 [양사]

❶ 양사

* 중국어는 '양사'라고 불리는 사물을 세는 단위가 발달되어 있다.
* [숫자+양사+명사]의 순서로 쓰인다.
* 중국어는 언제나 앞에서 꾸미고 범위를 한정한다.

숫자	양사	명사	예시	
1부터 말하고자 하는 숫자를 넣는다. 다만, 2는 양사 앞에서 二이 아니라 **两(liǎng)**으로 써야 한다.	个	人	一个人	사람 한 명
	位	老师	两位老师	선생님 두 분
	本	书	三本书	책 세 권
	杯	咖啡	四杯咖啡	커피 네 잔
	件	衣服	五件衣服	옷 다섯 벌
	张	桌子	六张桌子	책상 여섯 개
	块	钱	七块钱	(돈) 7위안
	只	狗	八只狗	개 여덟 마리
	台	电脑	九台电脑	컴퓨터 아홉 대
一 혹은 **有**만 쓸 수 있다.	些	东西	一些东西 有些东西	약간의 물건/ 어떤 물건

❷ 숫자 대신 지시사/의문사

* 숫자 대신 '这 /那 /哪'와 같이 가리키는 대상을 지칭하는 말(지시사)이나 几와 같은 의문사가 올 수 있다.
* [지시사/의문사+양사+명사]의 순서로 쓰인다

지시사/의문사	양사	명사	예시	
这 / 那 哪 / 几	个	人	这个人	이 사람
	位	老师	那位老师	저/그 선생님
	本	书	哪本书	어느 책
	件	衣服	几件衣服	몇 벌의 옷

출력하기
괄호 안에 알맞은 양사를 쓰세요.

차 두 잔	两（　　）茶
영어책 열 권	十（　　）英语书
손님 네 분	四（　　）客人
종이 여덟 장	八（　　）纸
100위안의 돈	一百（　　）钱
고양이 세 마리	三（　　）猫
텔레비전 50대	50（　　）电视
중국 옷 스무 벌	二十（　　）中国衣服
약간의 과일	一（　　）水果
한국 친구들 천 명	一千（　　）韩国朋友们

출력하기

어순에 맞게 배열하고 그 뜻을 쓰세요.

1. 杯 / 喝 / 我们 / 两 / 可乐 / 要 / 。

2. 几 / 家 / 你 / 里 / 有 / 只 / 狗 / ?

3. 早上 / 一 / 我 / 吃 / 些 / 水果 / 每天 / 。

4. 490 / 钱 / 这 / 衣服 / 块 / 的 / 是 / 。

5. 我 / 商店 / 去 / 买 / 一些 / 要 / 东西 / 。

6. 要 / 苹果 / 一 / 我 / 手机 / 买 / 个 / 明天 / 。

7. 谁 / 这 / 人 / 是 / 个 / ?

8. 老师 / 你们 / 哪 / 是 / 汉语 / 位 / 的 / ?

9. 书 / 本 / 几 / 要 / 你 / ?

10. 本 / 几 / 图书馆 / 读了 / 我 / 在 / 语法 / 书 / 。 (* 语法 yǔfǎ 어법)

출력하기
다음 문장을 중국어로 쓰세요.

1. 나는 이 선생님 알아.

2. 저 사람 이름이 뭐예요?

3. 너는 몇 명의 외국 친구가 있니?

4. 너네 집 식구는 몇 명이야?

5. 나 지금 너무 배고파서, 사과 3개 먹었어.

6. 내 친구가 요즘 중국어를 배워서, 오후에 우리는 몇 권의 책을 사러 갈 거야.

7. 몇 개 드려요? (당신은 몇 개를 원하세요?)

8. 중국인은 하루에 차 10잔을 마신다.

9. 저 텔레비전은 너무 비싸요. 이건 얼마예요?

10. 너 수업 끝나고 돌아올 때 빵 몇 개(덩어리) 사 와.

16
今年几岁了?
차이나라이 LEVEL 2

복습하기
14과의 회화문을 중국어로 완성하세요.

A : 너 어디 살아?

B : 나 유학생 기숙사에 살아.

A : 기숙사는 어때? 방 커?

B : 크지도 작지도 않아. 아주 괜찮아.

A : 방 안에 화장실이 있어?

B : 있어. 근데 자기가 직접 청소해야 돼. 아주 귀찮아.

A : 나도 가 보고 싶다. 여기서 멀어?

B : 별로 안 멀어.

오늘의 회화
나이 말하기

▶ 今年几岁了？

服务员：欢迎光临，您几位？
　　　　　Huānyíngguānglín, nín jǐ wèi?

어서 오십시오, 몇 분이세요?

A：五个。
　　 Wǔ ge.

다섯 명이요.

服务员：请这边走。
　　　　　Qǐng zhèbiān zǒu.

이쪽으로 가시죠.

A：李女士，你的儿子今年多大？
　　 Lǐ nǔshì, nǐ de érzi jīnnián duōdà?

이 여사님, 아들이 올해 몇 살이죠?

B：6岁，你女儿呢？几岁？
　　 Liù suì, nǐ nǚ'ér ne? jǐ suì?

여섯 살이에요. 당신 딸은요? 몇 살이에요?

A：三岁了。你儿子快上学了吧？
　　 Sān suì le.
　　 Nǐ érzi kuài shàngxué le ba?

세 살 됐어요.
당신 아들은 곧 입학하겠네요.

B：明年上学。
　　 Míngnián shàngxué.

내년에 입학합니다.

A：我要买几本书送给他。
　　 Wǒ yào mǎi jǐ běn shū sòng gěi tā.

제가 책 몇 권을 사서 그에게 선물로 줘야겠네요.

B：不用，不用，谢谢！
　　 Búyòng, búyòng, xièxiè!

아니에요, 그러실 필요 없어요. 감사합니다.

단어 배우기
딱 10단어만 외워요!

服务员	fúwùyuán	종업원
请	qǐng	청하다
欢迎光临	Huānyíng guānglín	어서오세요!
女士	nǚshì	여사
多大	duōdà	몇 살? [10세 이상]
岁	suì	살, 세 [나이 셀 때 단위]
了	le	[변화를 나타내는 어기조사]
上学	shàngxué	입학하다/등교하다
送	sòng	선물하다/보내다
不用	búyòng	필요 없다

단어 익히기

단어를 써 보면서 충분히 단어를 익히세요.

종업원	服务员 fúwùyuán				
청하다	请 qǐng				
어서오세요!	欢迎光临 Huānyíng guānglín				
여사	女士 nǚshì				
몇 살?	多大 duōdà				
살, 세	岁 suì				
[변화의 어기조사]	了 le				
입학하다/ 등교하다	上学 shàngxué				
선물하다/ 보내다	送 sòng				
필요 없다	不用 búyòng				

출력하기
다음 단어의 한어병음을 찾아보세요.

w	s	o	n	g	n	s	q	e	s
t	y	p	i	a	d	e	i	d	l
f	u	w	u	y	u	a	n	c	s
e	i	o	h	i	o	c	g	g	h
w	m	l	k	t	d	m	i	h	a
s	x	e	b	i	a	n	l	k	n
u	e	r	t	b	u	y	o	n	g
i	u	i	g	y	e	i	z	u	x
p	h	u	a	n	y	i	n	g	u
n	ü	s	h	i	a	i	s	u	e

❶ 종업원 ❷ 청하다

❸ 환영하다 ❹ 여사

❺ 몇 살? (10세 이상) ❻ 세, 살

❼ [변화 나타내는 어기조사] ❽ 입학하다/등교하다

❾ 선물하다/보내다 ❿ 필요 없다

출력하기
다음 문장을 중국어로 쓰세요.

1. 한자로 써 주세요.

2. 신사숙녀 여러분, 우리를 보러 와 주셔서 감사합니다.

3. 앉으세요, 차 드세요.

4. 당신이 말씀 좀 해 주세요.

5. 한국에 오신 것을 환영합니다.

6. 종업원은 식당에서 일하는 사람입니다.

7. 일하기 싫어졌다.

8. 수업 시작하겠습니다.

9. 쟤는 몇 시에 등교해?

10. 너 나한테 이 옷 선물해 줘.

핵심 콕콕!
나라이쌤과 핵심구문을 배워요.

❶ 了   [문장 끝] 변화를 나타냄

时间不早了。	시간이 늦었다.
10点了，我要走。	10시가 됐네. 나 가야겠다.
天气冷了。	날씨가 추워졌어.

❷ 多 + 형용사   얼마큼 [수량을 물음]

你多大？	넌 몇 살이니?
你要多少？	넌 몇 개가 필요하니?
他多高？	그는 키가 얼마나 크니?

❸ 동사+ [在/给 덩어리]   [동작 후 위치하게 되는 곳]

我住在首尔。	저는 서울에 살아요.
这个放在哪儿？	이거 어디에 놓아?
我送给你。	내가 너한테 선물해 줄게.

❹ 不用   ~할 필요 없다

你不用打扫。	너 청소할 필요 없다.
不用送我。	나를 배웅할 필요 없어.
不用给我。	나에게 줄 필요 없어.

출력하기
다음 문장을 중국어로 쓰세요.

1. 전 올해 30세가 되었어요.

2. 나 살쪘어. (* 胖 pàng 뚱뚱하다, 살찌다.)

3. 너 남자친구는 키가 얼마야?

4. 전부 얼마예요?

5. 비행기는 얼마나 빨라?

6. 너희 대학은 여기에서 얼마나 멀어?

7. 그는 나에게 꽃을 선물해 주었다. (* 花 huā 꽃)

8. 걔한테 전화할 필요 없어.

9. 그 책을 살 필요 없어요.

10. 나한테 이렇게 비싼 물건을 선물해 줄 필요 없어.

회화 완성

회화문을 한어병음으로 완성하세요.

종업원: 어서 오세요. 몇 분 이세요?.

종업원:

A : 두 명이요.

A :

종업원: 이쪽으로 가시죠.

종업원:

A : 이 여사님, 아들이 올해 몇 살이죠?

A :

B : 여섯 살이에요. 당신 딸은요? 몇 살이에요?

B :

A : 세 살 됐어요. 당신 아들은 곧 입학하겠네요.

A :

B : 내년에 입학합니다.

B :

A : 제가 책 몇 권을 사서 그에게 선물로 줘야겠네요.

A :

B : 아니에요. 그러실 필요 없습니다. 감사합니다.

B :

회화 완성

회화문을 중국어로 완성하세요.

종업원: 어서 오세요, 몇 분이세요?

_____, 您几位？

A: 두 명이요.

_____。

종업원: 이쪽으로 가시죠.

请_____。

A: 이 여사님, 아들이 올해 몇 살이죠?

李_____, 你的儿子_____？

B: 여섯 살이에요. 당신 딸은요? 몇 살이에요?

6岁, _____？_____？

A: 세 살 됐어요. 당신 아들은 곧 입학하겠네요.

_____。你儿子_____吧？

B: 내년에 입학합니다.

_____。

A: 제가 책 몇 권을 사서 그에게 선물로 줘야겠네요.

我要_____。

B: 아니에요. 그러실 필요 없습니다. 감사합니다.

_____, _____, 谢谢！

중간 점검
13~16과에서 배운 단어의 한자, 한어병음, 뜻을 쓰세요.

慢	麻烦	少	欢迎光临！
本	首尔	住	女士
件	矮	自己	小
挺...的	快	台	岁
只	上学	近	多大
청소하다	보내다	많다	[변화의 어기조사]
청하다	~해야 한다	화장실	[덩어리 양사]
[사람/사물 양사]	[넓고 평평 양사]	[약간의 물건 양사]	~할 필요 없다
~로 부터	방	[상대 높임 양사]	종업원
[컵 양사]	멀다	높다	크다

답지

차이나라이 LEVEL 2

■ **7page**

① 上海 ② 苹果 ③ 咖啡 ④ 吗 ⑤ 冷
⑥ 同学 ⑦ 名字 ⑧ 哪国人 ⑨ 但是 ⑩ 说
⑪ 从 ⑫ 嗯 ⑬ 有

■ **10page**

yīfu	zhuōzi	diànshì	dōngxi
gǒu	diànnǎo	shǒujī	māo
shǒujī	dōngxi	zhuōzi	gǒu
diànnǎo	māo	yǐzi	bēizi

■ **11page**

① shouji 手机 ② yifu 衣服 ③ diannao 电脑
④ beizi 杯子 ⑤ dongxi 东西 ⑥ mao 猫
⑦ zhuozi 桌子 ⑧ gou 狗 ⑨ dianshi 电视
⑩ yizi 椅子

■ **13page**

① Zhè shì diànshì.
② Zhè shì túshūguǎn.
③ Nà shì wǒ de shǒujī.
④ Nà bú shì yǐzi.
⑤ Zhè ge rén bú shì wǒmen de lǎoshī.
⑥ Nà shì shéi de.
⑦ Zhè shì shénme.
⑧ Nà shì shénme.
⑨ Zhèr bú shì shítáng.
⑩ Nǐ qù nàli.

■ **14page**

这是我的猫。	那不是我朋友的狗。
那是去中国的飞机。	这是去北京的火车吗?
你是哪国人?	哪国人很帅?
哪个好吃?	你喜欢哪个?
我去你那儿。	那里有地铁站。

■ **16page**

■ **20page**

piányi	qiān	qián	xíng
yìdiǎnr	duōshao	yào	gěi
yuán	xíng	piányi	qián
gěi	wàn	duōshao	yìdiǎnr

■ **21page**

六百五十二	八百四	一百	一百二
四百零二	两千	七千三百五	一千六
三千六百零一	九千零四	五千零八十	七万零三十
四万一千五百七十六	三万三	两万五	两万两千两百

■ **23page**

三十五块五	一块五
六十二块九毛六	九十块四
一百七十块六	两百块
十块零五	两千两百块
三百零七块零六	六十块八毛五
一百块	一万两千块

24page

① 你的手机多少钱?
② 这个杯子十块五。
③ 我女儿非常喜欢苹果手机。
④ 最近三星电视有点儿贵。
⑤ 我要披萨和可乐。
⑥ 我要这个。
⑦ 你要几个?
⑧ 水果很便宜，但是不好吃。
⑨ 不行，给我!
⑩ 给你。

28page

① 这是谁的桌子?
② 这是什么东西?
③ 你喜欢哪个手机?
④ 哪个电影好呢?
⑤ 那个苹果不好吃。
⑥ 那个衣服很漂亮。
⑦ 老师的猫非常可爱。
⑧ 我喜欢狗和猫。
⑨ 哪个是我的杯子?
⑩ 那是去学校的公共汽车。

31page

32page

yòubian	shàngbian	wàibian	xiàbian
hòubian	lǐbian	qiánbian	duìmiàn
wàibian	hòubian	xiàbian	pángbian
duìmiàn	pángbian	lǐbian	yòubian

34page

① 水果在桌子上边。
② 杯子在书旁边。
③ 猫在椅子下边。
④ 老师在我的前边。
⑤ 我们学校在饭馆右边。
⑥ 我们公司在医院旁边。
⑦ 咖啡店在图书馆后边。
⑧ 朋友家在银行对面。
⑨ 哥哥在公司里边。
⑩ 狗在商店外边。

35page

饭馆在书店上边。	上海在北京下边。
咖啡在面包旁边。	老师不在教室里边。
爸爸在我旁边。	妈妈不在家里边。
我在你的对面。	你在哪儿?
我的手机在哪儿?	我的汉语书在哪儿?

41page

nàme	liúxuéshēng
guòqu	duì
zài	jiùshi
guòlai	ya
kěyǐ	gàn

42page

1성	2성
拉 千 生 东 衣 杯 卓	钱 前 留 常 旁 门 毛
3성	**4성**
给 手 以 里 脑 点 椅 左	下 干 对 在 就 后 右 外

44page

① 我在这儿。
② 妈妈在公司吗?
③ 我们去医院旁边的商店吧。
④ 可以吃吗?
⑤ 我可以去吗?
⑥ 那么给我320元。
⑦ 那么今天不上班吗?
⑧ 她就是法国留学生。
⑨ 我过去看看。
⑩ 你也过来坐一下。

45page

① duōshao qián.
② tài guì le.
③ piányi diǎnr ba.
④ wǒ xǐhuān nà gè.
⑤ kěyǐ.
⑥ gěi wǒ.
⑦ nǐ zài nǎr.
⑧ guòlai.
⑨ jiùshi zhè ge.
⑩ jiùshi nǐ.

48page 중간 점검

zhuōzi	fēn	máo	hòubiān
kěyǐ	lǐbiān	diànshì	kuài
ya	dōngxi	duōshǎo	guòqu
qiān	shǒujī	qián	diànnǎo
xiàbiān	xíng	māo	gěi
前边 qiánbian	要 yào	对面 duìmiàn	椅子 yǐzi
留学生 liúxuéshēng	左边 zuǒbian	来 lái	右边 yòubian
对 duì	杯子 bēizi	就是 jiùshi	旁边 pángbiān
便宜 piányi	狗 gǒu	衣服 yīfu	万 wàn
(一)点儿 yìdiǎnr	上边 shàngbian	干 gàn	外边 wàibian

50page

53page

zuò zuòyè	dú shū
tīng yīnyuè	xiě Hànzì
mǎi yīfu	zuò dìtiě
kàn diànshì	wánr diànnǎo
shuō huà	mǎi dōngxi

54page

① 妈妈看电视。
② 我们读书。
③ 妹妹做作业。
④ 奶奶听音乐。
⑤ 爷爷写汉字。
⑥ 哥哥休息。
⑦ 姐姐说话。
⑧ 弟弟玩电脑。

56page

① Péngyǒumen dou zài hē kělè.
② Bàba zài xué Hànyǔ.
③ Nǐ zài chī shénme?
④ Tā zài zuò shénme?
⑤ Nǐ zài dú shénme shū?
⑥ Wǒ zhàngfu zài wán diànnǎo.
⑦ Dàjiā dōu zài kàn diànshì.
⑧ Wǒ méi zài hē chá.
⑨ Tā méi zài zuò zuòyè.
⑩ Wǒmen zài xiūxi.

57page
① 老师在喝咖啡。
② 我在看你。
③ 你在做什么?
④ 同学都在读书。
⑤ 你们也在吃饭吗?
⑥ 妹妹在听音乐。
⑦ 中国朋友在写汉字。
⑧ 他在玩儿。
⑨ 我在家休息。
⑩ 我现在吃饭。

63page

yǒuyìsi	yǒushíhou	nán	de shíhou
yùndòng	yìqǐ	dǎ lánqiú	dǎ diànhuà
nán	yùndòng	de shíhou	dǎ lánqiú
yǒuyìsi	dǎ diànhuà	yǒushíhou	yìqǐ

64page
① 意 ② 话 ③ 起
④ 球 ⑤ 运 ⑥ 时

65page
① 你在做什么?
② 你今天要做什么?
③ 我在听音乐。
④ 中国电影真有意思。
⑤ 学英语很难。
⑥ 回家的时候给我打电话。
⑦ 你买东西的时候，可以来我们商店。
⑧ 你喜欢什么运动?
⑨ 有的时候可以休息。
⑩ 那么我们一起去吧。

67page
① 我在学汉语。
② 我妻子在书店看书。
③ 有时候吃拉面，有时候吃面条。
④ 有时候坐公共汽车，有时候坐地铁。你呢?
⑤ 去德国的时候可以坐火车。
⑥ 老师说汉语的时候很帅。
⑦ 回家的时候我们去喝奶茶吧。
⑧ 去图书馆的时候你骑自行车去吗?
⑨ 他们给我买桌子和椅子。
⑩ 我外婆现在给老师打电话。

71page

听	做
看	玩儿
说	旅游
说	吃
骑	学习

74page
① qiántiān ② zuótiān ③ měitiān
④ míngtiān ⑤ hòutiān ⑥ zǎoshang
⑦ shàngwǔ ⑧ zhōngwǔ ⑨ xiàwǔ
⑩ wǎnshang

75page
① 下午 ② 后天 ③ 前天 ④ 早上 ⑤ 上午
⑥ 中午 ⑦ 上边 ⑧ 每天 ⑨ 右边 ⑩ 今天

77page
① Wǒ míngtiān qù Rìběn.
② Wǒ jīntiān qù túshūguǎn xuéxí.
③ Tā qiántiān hē nǎichá .
④ Jiějie hòutiān mǎi shǒujī.
⑤ Wǒmen míngtiān xiàwǔ qù kāfēitīng hē chá.
⑥ Wǒ mèimei jīntiān zǎoshang qù yīyuàn.
⑦ Lǎoshī měitiān shàngwǔ xiě Hànzì.
⑧ Wǒ de Zhōngguó péngyou qiántiān zhōngwǔ zuò huǒchē qù Běijīng.
⑨ Wǒ zuótiān wǎnshang zài jiā lǐbiān.
⑩ Wǒ měitiān wǎnshang zuò zuòyè

78page
① 她每天早上吃水果。
② 我们后天要去意大利和英国等等。
③ 老师明天上午去北京。
④ 我的男朋友今天晚上去日语学院。
⑤ 今天大家都很开心吗?
⑥ 他们现在吃比萨。
⑦ 昨天就是她的生日。
⑧ 我现在很饱，下午要吃。
⑨ 你们10月1日来吧。
⑩ 我们12月25日见吧。

84page

zěnmeyàng	bùxíng
dāngrán	jiànmiàn
shénmeshíhou	kěnéng
shíjiān	huíguó
qǐngkè	nàme

85page

① x, i ② i ③ a ④ k ⑤ sh
⑥ d ⑦ m ⑧ y, u ⑨ h ⑩ z

87page

① 快圣诞节了。
② 快上课了。
③ 你从什么时候喜欢我？
④ 你什么时候回国？
⑤ 我的儿子今天晚上可能见他的女朋友。
⑥ 那个可能很便宜。
⑦ 我可能明天上午有课。
⑧ 可能他姓金。
⑨ 姐姐可能请客。
⑩ 这个人怎么样？

88page

① 我明天上午跟朋友见面。
② 这件衣服怎么样？
③ 我在家看电视。
④ 你过来看一下。
⑤ 老师上课的时候，你们别说话了。
⑥ …

91page 중간 점검

dāngrán	shū	lánqiú	zuótiān
nàme	Hànzì	wǎnshang	kěnéng
dú	dǎ	shàngwǔ	bùxíng
huíguó	zuò	zài	xiūxi
shíjiān	zuòyè	yǒuyìsi	měitiān
昨天 zuótiān	什么时候 shénmeshíhòu	运动 yùndòng	早上 zǎoshang
难 nán	前天 qiántiān	中午 zhōngwǔ	怎么样 zěnmeyàng
~的时候 de shíhou	后天 hòutiān	音乐 yīnyuè	见面 jiànmiàn
买 mǎi	电话 diànhuà	写 xiě	有的时候 yǒudeshíhou
一起 yìqǐ	下午 xiàwǔ	听 tīng	请客 qǐngkè

93page

① 子 ② 机 ③ 面 ④ 上 ⑤ 天
⑥ 班 ⑦ 电 ⑧ 乐 ⑨ 汉 ⑩ 午

96page

xīngqītiān	měinián
míngnián	zhōumò
hòunián	qùnián
xīngqīsì	qiánnián
zhōurì	lǐbàiliù

97page

1성	2성
周 天 期 边 今 星 休	昨 前 什 时 年 旁 明 读
3성	4성
早 礼 午 每 买 哪 晚	对 拜 那 后 这 号 末 日

99page

① Nǐ zài jiā zuò shénme?
② Nǐ zuótiān wǎnshang zài jiā zuò shénme?
③ Nǐmen xiàwǔ zài nǎli dǎ lánqiú?
④ Tā xiànzài wàibian wánr.
⑤ Wǒmen sān yuè qī hào xīngqīwǔ jiàn.
⑥ Wǒmen xīngqīrì zhōngwǔ zài túshūguǎn qiánbian jiàn ba.
⑦ Wǒ jiějie míngnián yào zài Měiguó liúxué.
⑧ Nǐ zhōumò yào zuò shénme?
⑨ Tā zuìjìn zài kāfēitīng xuéxí.
⑩ Wǒmen huí sùshè de shíhou zài shāngdiàn mǎi kělè ba!

100page

① 我们家人星期日在外边吃晚饭。
② 我们去年1月1号在意大利认识。
③ 他周末在宿舍里运动。
④ 我们星期一要在朋友家玩电脑。
⑤ 你什么时候要去德国学德语？
⑥ 哥哥什么时候回家？
⑦ 我每年8月回韩国。
⑧ 圣诞节的时候我们一起去天安门吧！
⑨ 他生日的时候我要买衣服给他。
⑩ 学习的时候我不听音乐。

106page

① 打算 ② 一共 ③ 羡慕 ④ 好吃
⑤ 请客 ⑥ 回来 ⑦ 块 ⑧ 计划
⑨ 真的 ⑩ 可以

107page

一共	天	羡慕	出发
真的	能	打算	计划
羡慕	一共	真的	能
计划	出发	回来	好

109page
① 你现在能来吗？
② 我能吃香菜，你呢？
③ 一共多少钱？
④ 我也想休息一天。
⑤ 我爱你，真的。
⑥ 你有没有计划？
⑦ 我打算明年2月去旅游。
⑧ 我们明天早上出发吧。
⑨ 你好帅！
⑩ 我羡慕她。

110page
① 我们明天能见面吗？
② 你后天上午能来这里吗？
③ 我们公司从星期二到星期五休息四天。
④ 我学了三天。
⑤ 你打算什么时候回来？
⑥ 你打算去哪儿？
⑦ 你打算几号出发？
⑧ 你的计划真的很好。
⑨ 好漂亮啊！
⑩ 好累啊！

114page
① 息 쉬다 ② 乐 음악 ③ 手 핸드폰 ④ 天 어제
⑤ 游 여행 ⑥ 末 주말 ⑦ 上 수업하다

117page

(word search grid)

118page
① 工作 ② 起床 ③ 穿 ④ 下班 ⑤ 洗澡
⑥ 准备 ⑦ 跑步 ⑧ 下课 ⑨ 睡觉 ⑩ 开始

120page

七点五十分	两点十分
四点三十分 (四点半)	十点十五分 (十点一刻)
一点(整)	八点二十七分
十二点(零)五分	六点四十五分 (六点三刻)

121page
① 我早上七点十五分穿衣服准备上班。
② 我们公司下午十二点半吃午饭。
③ 我们学校四点三刻下课。
④ 姐姐晚上五点整下班。
⑤ 回家的时候我们跑步。
⑥ 明天从十点开始准备吧。
⑦ 小刘在睡觉，哥哥在洗澡。
⑧ 他从九点在公司工作。
⑨ 你要几点起床？
⑩ 你到十一点一刻来吧。

128page

yībān	rènzhēn
xiānsheng	nàme
zǎocān	huà huār
哇	早
之后	一般

129page
① 上海一般这么热吗？
② 你每天那么忙吗？
③ 时间早。
④ 明天我们早点儿出发吧。
⑤ 中国人一般在外边吃早餐。
⑥ 她非常认真。
⑦ 金先生在吗？
⑧ 我外婆喜欢画画儿。
⑨ 哇！你外公很厉害！
⑩ 韩国有很多姓金的人。

131page (예시)
① 我星期天休息的时候看电影。
② 我一般7点吃早餐。
③ 我星期三有汉语课。
④ 回家之后洗澡。
⑤ 我在吃完饭之后睡觉。
⑥ 我在学汉语之前学英语。
⑦ 对，我每天在睡觉之前洗澡。
⑧ 对，韩国男的都那么帅。

134page 중간 점검

kāishǐ	zhème	qùnián	yígòng
shuìjiào	jīnnián	néng	qiánnián
xīngqītiān	hòunián	jìhuà	zhīhòu
lǐbài	zhōurì	hǎo	huílai
zhǔnbèi	zǎocān	qǐchuáng	jīn
开始 kāishǐ	下班 xiàbān	明年 míngnián	天 tiān
认真 rènzhēn	真的 zhēnde	工作 gōngzuò	早 zǎo
周末 zhōumò	羡慕 xiànmù	洗澡 xǐzǎo	哇 wā
每年 měinián	打算 dǎsuàn	下课 xiàkè	一般 yìbān
穿 chuān	先生 xiānsheng	之后 zhīhòu	跑步 pǎobù

136page
① 早上七点吃早饭。
② 星期三晚上七点看电影。
③ 周二和周五学英语。
④ 星期天在家休息。
⑤ 每天下午一点吃午饭。
⑥ 周一和周四去汉语补习班。
⑦ 周二和周五跑步。
⑧ 每天上午九点上班。
⑨ 看电视。
⑩ 星期六早上七点起床晚上九点睡觉。

139page

xiǎo	jìn	duō	kuài
ǎi	dà	gāo	máng
yuǎn	gāo	dà	màn
xiǎo	rè	lěng	shǎo

140page

142page
① 我女朋友个子很高。
Wǒ nǚpéngyou gèzi hěn gāo.
② 我男朋友不太帅。
Wǒ nánpéngyou bùtài shuài.
③ 他最近太忙了。
Tā zuìjìn tài máng le.
④ 这里的菜真好吃。
Zhèli de cài zhēn hàochī.
⑤ 我昨天买的衣服有点儿大。
Wǒ zuótiān mǎi de yīfu yǒudiǎnr dà.
⑥ 在中国，人很多。北京最多。
Zài Zhōngguó, rén hěnduō. Běijīng zuì duō.
⑦ 现在韩国很冷。
Xiànzài Hánguó hěn lěng.

143page
① 我女朋友很矮。
② 我朋友特别漂亮。
③ 他最近太累了。
④ 这里的菜真不好吃。
⑤ 我昨天买的衣服有点小。
⑥ 那里人少，我们去那里吧。
⑦ 现在这里比较热。
⑧ 医院离我家很近。
⑨ 坐地铁很快。
⑩ 他走路很慢。

149page

1성	2성
开 真 间 千 般 春 穿	离 节 毛 房 麻 然 难 银
3성	4성
尔 打 洗 跑 己 首 挺 扫	万 住 自 认 步 备 但

150page

① 你有自己的房间吗?
② 我家人都住在上海。
③ 我想去洗手间。
④ 你的公司离家很远吗? (你的家离公司很远吗?)
⑤ 每天打扫房间很麻烦。
⑥ 洗手间在哪儿?
⑦ 我妹妹真不喜欢打扫房间。
⑧ 我明年打算去首尔。
⑨ 这个电影挺有意思的。
⑩ 他们的学校挺大的。

151page

① 我要去上课。
② 你要快点回家。
③ 银行离电影院有点儿远。
④ 离我远一点。
⑤ 这个杯子不贵也不便宜。
⑥ 我女朋友不高也不矮。
⑦ 时间不早也不晚。
⑧ 今天天气不太好。
⑨ 飞机挺快的。
⑩ 韩国音乐挺好听的。

156page

가로
① 做饭 ② 工作 ③ 买东西 ⑥ 怎么样 ⑦ 有时候
⑧ 打算 ⑨ 说话 ⑩ 可能 ⑪ 星期一
⑬ 起床 ⑭ 出发 ⑮ 自行车 ⑰ 汉字

세로
① 做作业 ④ 西瓜 ⑤ 什么时候 ⑧ 打电话
⑩ 可以 ⑫ 一起 ⑭ 出租车 ⑯ 名字
⑰ 汉语

159page

本	张
个	些
位	杯
jiàn	zhī
tái	kuài

161page

① 杯 ② 本 ③ 位 ④ 张 ⑤ 块
⑥ 只 ⑦ 台 ⑧ 件 ⑨ 些 ⑩ 个

162page

① 我们要喝两杯可乐。
② 你家里有几只狗?
③ 我每天早上吃一些水果。
④ 这件衣服是490块钱的。
⑤ 我要去商店买一些东西。
⑥ 我明天要买一个苹果手机。
⑦ 这个人是谁?
⑧ 哪位是你们的汉语老师?
⑨ 你要几本书?
⑩ 我在图书馆读了几本语法书。

163page

① 我认识这位老师。
② 那个人叫什么名字?
③ 你有几个外国朋友?
④ 你家有几口人?
⑤ 我现在太饿了,吃了三个苹果。
⑥ 我朋友最近学汉语,下午我们要去买几本书。
⑦ 你要几个?
⑧ 中国人一天喝十杯茶。
⑨ 这台电视太贵了。这台多少钱?
⑩ 你下课回来的时候买几块面包吧。

169page

w	s	o	n	g	n	s	q	e	s
t	y	p	i	a	d	e	i	d	l
f	u	w	u	y	u	a	n	c	s
e	i	o	h	i	o	c	g	g	h
w	m	l	k	t	d	m	i	h	a
s	x	e	b	i	a	n	l	k	n
u	e	r	t	b	u	y	o	n	g
i	u	i	g	y	e	i	z	u	x
p	h	u	a	n	y	i	n	g	u
n	ü	s	h	i	a	i	s	u	e

■ **170page**

① 请写汉字。
② 女士们先生们，谢谢来看我们。
③ 请坐。请喝茶。
④ 请您说一下。
⑤ 欢迎来韩国。
⑥ 服务员是在食堂工作的人。
⑦ 不想工作了。
⑧ 开始上课了。
⑨ 他几点上学？
⑩ 你送给我这件衣服吧。

■ **172page**

① 我今年30岁了。
② 我胖了。
③ 你男朋友(个子)多高？
④ 一共多少钱？
⑤ 飞机多快？
⑥ 你们大学离这儿多远？
⑦ 他送给我花了。
⑧ 不用给她打电话。
⑨ 不用买那本书。
⑩ 不用送给我这么贵的东西。

■ **175page** 중간 점검

màn	máfan	shǎo	huānyíng guānglín
běn	Shǒu'ěr	zhù	nǚshì
jiàn	ǎi	zìjǐ	xiǎo
tǐng...de	kuài	tái	suì
zhī	shàngxué	jìn	duōdà
打扫 dǎsǎo	送 sòng	多 duō	了 le
请 qǐng	要 yào	洗手间 xǐshǒujiān	块 kuài
个 ge	张 zhāng	些 xiē	不用 búyòng
离 lí	房间 fángjiān	位 wèi	服务员 fúwùyuán
杯 bēi	远 yuǎn	高 gāo	大 dà

저자 엄나래

북경사범대학 대외한어교육 석사
국민대학교 중문과 학사

(現) 프리랜서 중국어강사
　　　유튜브 '차이나라이 중국어' 운영중

(前) 네이버 중국판 차이나랩 〈김과장중국어〉 연재
　　　교보증권 외 다수 기업체 출강 및 중국어 동영상 강의 제작
　　　호텔인교육센터 창업자 과정 교육
　　　때때롯살롱 해외전략팀 근무
　　　CANADA BRITISH INTERNATIONAL SCHOOL 중국어 강사
　　　호텔롯데 롯데리조트제주 근무
　　　KT 국제통역실 중국어 통역
　　　서서울생활과학고 중국어 강사

유튜브에 **차이나라이 중국어**를 검색해 보세요.

차이나라이 중국어회화 LEVEL 2

초판 1쇄 발행 2025년 1월 1일

지은이 엄나래
펴낸이 장길수
펴낸곳 지식과감성#
출판등록 제2012-000081호

녹음 白亦俊, 任嘉玮, 施一欣
마케팅 지식과감성#

주소 서울시 금천구 벚꽃로298 대륭포스트타워6차 1212호
전화 070-4651-3730~4
팩스 070-4325-7006
이메일 ksbookup@naver.com
홈페이지 www.knsbookup.com

ISBN 979-11-392-2304-0(SET)
ISBN 979-11-392-2306-4(14720)
값 15,000원

- 이 책의 판권은 지은이에게 있습니다.
- 이 책 내용의 전부 또는 일부를 재사용하려면 반드시 지은이의 서면 동의를 받아야 합니다.
- 잘못된 책은 구입하신 곳에서 바꾸어 드립니다.

지식과감성#
홈페이지 바로가기